기독교문서선교회 (Christian Literature Center: 약칭 CLC)는 1941년 영국 콜체스터에서 켄 아담스에 의해 시작되었으며 국제 본부는 미국 필라델피아에 있습니다. 국제 CLC는 약 650여 명의 선교사들이 59개 나라에서 180개의 서점을 운영하며 이동 도서 차량 40대를 이용하여 문서 보급에 힘쓰고 있으며 이메일 주문을 통해 130여 국으로 책을 공급하고 있는 국제적 문서선교 기관입니다.

추천사 1

박재은 박사
총신대학교 조직신학 교수, 교목실장

　신학(theologia)이란 학문은 그 본질상 '보이지 않는 하나님에 대한 지식'을 탐구하는 학문이라서 뜬구름 잡는 식의 피상적이고도 사변적인 학문 정도로 치부되기 일쑤입니다. 하지만, 진정한 신학은 결코 피상과 사변의 언저리에만 살짝 걸치고 서 있지 않습니다. 오히려 정반대입니다.
　신학의 주인은 창조주 하나님이시기 때문에 신학은 하나님께서 만드신 피조 세계 전반에 걸쳐 그 영향력을 확대하고 확장합니다. 헤르만 바빙크의 주옥같은 글들을 편역한 『세상을 개혁하는 개혁 신앙』이 그 뚜렷한 증거입니다. 바빙크는 당대의 세계관과 적극적으로 대화하며 신학이 얼마나 시대를 역동적으로 변혁시킬 수 있는 참된 형상이며, 신학이 어떻게 혼탁한 시대 속에서 참된 등불의 역할을 감당할 수 있는지를 능동적으로 보여주고 있습니다. 시대와 적극적으로 대화하는 바빙크의 이런 역동성과 능동성이 『세상을 개혁하는 개혁 신앙』의 곳곳에서 여실히 드러나고 있습니다.
　바빙크는 칼빈주의 종교개혁 신학의 빛 아래서 당대의 진화론에 적극적으로 응전하며, 제1차 세계 대전에 겸비하게 반응하고, 당시 네덜란드의 정신적·종교적·사회적 흐름에 능동적으로 대처하는 지혜로운 모습을 아름답게 보여 줍니다.

작금의 시대는 바빙크가 살았던 19-20세기 네덜란드 당대와 매우 닮아 있습니다. 창조주 하나님의 자리가 위협받고 있으며, 하루가 멀다고 전 세계에서 전쟁의 상흔이 한층 더 짙어지고 있고, 헛된 자유가 무분별하게 숭배되고 있습니다.

이런 시대에 든든한 해결책이 필요합니다. 바빙크의 『세상을 개혁하는 개혁 신앙』이 시중의 많은 해결책 중에서도 독보적인 해결책임은 의심할 필요 없이 자명합니다.

추천사 2

이 태 복 목사
새길개혁교회 담임목사

헤르만 바빙크 목사님의 글을 읽으면 시편 말씀이 생각납니다.

내가 주의 증거들을 늘 읊조리므로 나의 명철함이 나의 모든 스승보다 나으며(시 119:99).

정말 그렇습니다. 하나님의 진리에 해박하며 그 진리를 늘 묵상하는 사람은 생각과 판단과 표현에서 명철함이 어떤 학자보다 탁월합니다. 어떤 것을 생각할 때는 근거와 과정이 올바르고, 판단할 때는 논리와 결론이 정당하며, 표현할 때는 자신이 도달한 결론만 강요하지 않고 그 결론에 도달하는 과정도 함께 보여 주며 듣는 이를 올바른 사색의 길로 인도합니다. 그래서 하나님의 진리에 해박하고 그 진리를 늘 묵상하는 사람의 글을 읽는 일은 언제나 유익하고 즐겁습니다.

교회 역사 가운데 이러한 설명에 부합하는 여러 신학자가 있는데 헤르만 바빙크 목사님도 그중 한 분입니다. 그러므로 저는 본서를 자신 있게 모든 분에게 적극 추천합니다.

본서의 편역자인 이스데반 목사님은 헤르만 바빙크 목사님의 글 중에서 우리에게 적실성 있는 짧은 글을 발굴하고 한국 교회에 꾸준히 소개하는 일을 해 왔습니다.

특별히 이번에 편역하여 출간되는 본서는 오늘날 우리가 관심을 가지고 숙고해야 할 여러 가지 중요한 주제를 짧은 분량으로, 그러나 깊이 있게 설명하고 있어서 매우 유익합니다. 창조와 진화, 전쟁의 타당성, 종교개혁의 정신 등은 이미 오랫동안 심각한 논쟁과 토론의 주제였지만 이러한 주제와 관련하여 오해는 여전히 남아 있는데, 본서에 실린 글들은 그런 오해를 시원하게 풀어 줍니다.

저는 특별히 본서의 제4장이 오늘날 한국 교회에 꼭 필요한 내용이라고 생각합니다. "네덜란드의 정신적, 종교적, 사회적 힘에 대하여"라는 제목의 짧은 글은 많은 교회가 헤매는 문제, 곧 타락하는 세상 속에서 교회의 위치와 역할에 대하여 올바른 방향성을 선명하게 보여 주고 있기 때문입니다. 제가 독자라면, 제4장의 내용을 읽기 위해서라도 주저함 없이 본서를 손에 들 것입니다.

추천사 3

최 덕 수 목사
현산교회 담임목사

바빙크의 대표작 『개혁교의학』과 『개혁파 윤리학』을 통해서 얻을 수 있는 유익은 말할 수 없이 큽니다. 하지만, 바빙크가 강의하거나 특정 주제에 관해 쓴 글이 주는 유익도 그에 못지않습니다. 2023년에 편역자에 의해 출간된 『바빙크 시대의 신학과 교회』가 이를 잘 보여 줍니다.

그런데 감사하게도 그동안 소개되지 않았던 바빙크의 글들이 또 다시 세상에 얼굴을 드러내게 되었습니다!

본서의 맨 처음에는 피조물이라면 마땅히 알고 있어야 할 사실, 곧 하나님이 세상을 창조하셨다는 사실을 주제로 다룬 글이 실려 있습니다. 만물의 기원에 대한 올바른 이해가 전제되지 않는다면 다른 신학적인 주제를 올바로 이해할 수 없다고 믿는 편역자의 의도가 반영된 것으로 보입니다. 이런 차원에서 "창조인가 진화인가"는 증명되지 않은 가설인 진화론을 사실로 믿는 현시대를 사는 그리스도인이라면 반드시 읽어야 할 글이라고 생각합니다.

전쟁에 관한 글도 마찬가지입니다. 인류의 역사는 전쟁의 역사이기도 합니다. 지금도 세계 곳곳에서는 전쟁이 벌어지고 있습니다. 바빙크가 쓴 "전쟁에 대하여"는 제1차 세계 대전이 발발한 지 4개월 후인 1914년 11월에 쓰였습니다. 이는 바빙크가 현실 문제를 고민한 매우 실천적인 신학자였음을 증거합니다.

본서에는 종교개혁과 칼빈주의 신학의 부요함에 대한 글과 개혁 신앙이 구체적인 삶의 자리에 어떻게 구현될 수 있는지를 다룬 글도 있습니다. "더 이상 존재하지 않는 네덜란드개혁교회 해방파"라는 글(부록 2)은 항상 개혁하지 않는 개혁교회의 역사는 암울할 수밖에 없다는 메시지를 짧지만 강하게 역설합니다.

신학은 신앙을 위한 학문이요, 신앙은 신학의 기초 위에서 형성됩니다. 신학은 신학함으로써만 끝나서는 안 됩니다. 개인과 교회, 국가와 사회를 구체적으로 변혁하는 역동적인 힘으로 작용해야 합니다. 본서는 개혁 신학과 개혁 신앙이 국가와 사회 안에서 어떻게 구현되어야 하는지에 관하여 네덜란드라는 한 나라에서 일어난 일을 그림처럼 보여 주고, 믿는 이들에게는 세상을 변혁시키고자 하는 도전과 힘을 가져다줍니다.

[일러두기]

- 각주에 있는 인물, 사건 그리고 용어 등에 대한 간단한 언급 중 별도의 표기가 없는 것은 주로 Wikipedia에서 참고한 것임.

- 각주는 별도의 표기가 없는 것은 모두 편역자가 독자의 이해를 돕기 위해 추가한 것임. 영어 원문에 있던 각주는 '원문 주'로 표기했음.

- 소제목 제시와 문단 구분은 편역자가 독자의 편의를 위해 수행한 것임.

- 인물의 완전 성명(full name)과 출생 및 사망 연도는 확인된 경우 편역자가 수정 및 보완했음.

세상을 개혁하는 개혁 신앙

The Reformed Faith Reforming the World
Written by Herman Bavinck
Translated and Edited by Stephen J. H. Lee
All rights reserved.
Korean Edition Copyright © 2025 by Christian Literature Center, Seoul, Korea.

세상을 개혁하는 개혁 신앙

2025년 6월 15일 초판 발행

| 지 은 이 | 헤르만 바빙크
| 옮 긴 이 | 이스데반

| 편　　집 | 이신영
| 디 자 인 | 서민정
| 펴 낸 곳 | (사)기독교문서선교회
| 등　　록 | 제16-25호(1980.1.18.)
| 주　　소 | 서울특별시 동대문구 천호대로71길 39
| 전　　화 | 02-586-8761~3(본사) 031-942-8761(영업부)
| 팩　　스 | 02-523-0131(본사) 031-942-8763(영업부)
| 이 메 일 | clckor@gmail.com
| 홈페이지 | www.clcbook.com
| 송금계좌 | 기업은행 073-000308-04-020 (사)기독교문서선교회
| 일련번호 | 2025-26

ISBN 978-89-341-2797-0 (03230)

이 한국어판 출판권은(사)기독교문서선교회가 소유합니다.
신저작권법에 의하여 한국 내에서 보호를 받는 저작물이므로 무단 전재와 무단 복제를 금합니다.

THE REFORMED FAITH REFORMING THE WORLD

CLC 바빙크 시리즈 ❻

H·E·R·M·A·N   B·A·V·I·N·C·K

세상을 개혁하는 개혁 신앙

헤르만 바빙크 지음
이스데반 편역

CLC

목차

추천사 1 박재은 박사 | 총신대학교 조직신학 교수, 교목실장 ... 1

추천사 2 이태복 목사 | 새길개혁교회 담임목사 ... 3

추천사 3 최덕수 목사 | 현산교회 담임목사 ... 5

편역자 서문 ... 11

제1장 창조인가 진화인가? ... 15

제2장 전쟁에 대하여 ... 60

제3장 종교개혁에 대하여 ... 74

제4장 네덜란드의 정신적, 종교적, 사회적 힘에 대하여 ... 88

부록 1 타락과 죽음에 대하여 ... 147

부록 2 더 이상 존재하지 않는 네덜란드개혁교회 해방파 ... 167

부록 3 신칼빈주의(Neo Calvinism) ... 170

참고 자료 ... 194

편역자 서문

이 스 데 반 박사
자라가는교회 담임목사

본서는 겸손했고 교회와 성경을 열렬하게 사랑했으며 시대적 적용에 깨어 있었던 신학자 바빙크의 글 중에서 아직 국내에 번역되어 소개된 적이 없는 몇 편의 글을 모은 것입니다.

제1장 "창조인가 진화인가"는 영적인 것과 관련하여 자연과학의 한계를 분명하게 제시하고, 성경이 말하는 창조야말로 인간의 고상한 지위를 합당하게 설명할 수 있음을 설득력 있게 말하고 있습니다. 이를 통해 백여 년 전과 마찬가지로 지금도 이 글은 세상에 대하여 진리로 돌이키도록 개혁을 외칩니다.

제2장 "전쟁에 대하여"는 전쟁 자체의 참혹함을 지적함과 동시에 성경은 정당한 방어와 평화를 유지하기 위한 전쟁에 대해 단죄하지 않음을 바빙크의 통상적인 유연한 어조를 따라 제시합니다. 평화를 추구하려는 간절한 열망을 가지고, 그러나 부득불 피할 수 없는 상황의 전쟁을 외면하지 않으면서 말입니다. 이는 우크라이나-러시아, 이스마엘-하마스 전쟁을 비롯해 전쟁이 끊이지 않는 현시대에 바빙크의 성경적 전쟁관을 확인할 수 있는 주요 자료입니다

제3장 "종교개혁에 대하여"는 바빙크가 1892년 9월 캐나다 토론토에서 개최된 '개혁교회연맹'(Alliance of the Reformed Churches holding the Presbyterian System)의 제5차 총회에 참석하여 연설한 내용을 요약한 것입니다. 이 요약문은 당시 총회 의사록에 기록된 것이며 여기에 처음으로 한글판을 선보입니다.

이 강연에서 바빙크는 종교개혁의 출발점을 제시하고 종교개혁의 분파들 중에서 칼빈주의 종교개혁의 탁월성을 역설합니다. 개인 구원에 머무르는 것에 만족하지 않고 세상을 변화시키는 원동력이 되었다는 점에서, 칼빈주의 종교개혁의 깊이와 넓이와 높이를 조명한 글입니다.

현대인들은 새로운 용어를 만들기를 좋아하므로 '신칼빈주의'(Neo-Calvinism)라는 범주 속에 바빙크를 집어넣으려 하지만, 실상 바빙크 자신은 단순히 '칼빈주의'라는 용어만으로 가장 출중하고 다방면에 미치는 종교개혁의 정신을 나타내기에 충분히 만족하는 듯합니다.[1] 또한, 이와 관련하여 프롱크 목사님이 쓰신 부록 3 "신칼빈주의"를 참조하시기 바랍니다.

제4장 "네덜란드의 정신적, 종교적, 사회적 힘에 대하여"는 네덜란드 정부에서 기획한 국가의 정체성을 소개하는 시리즈물 중에서 바빙크가 저술한 17번째 단행본을 번역한 것입니다. 여기에서 바빙크는 당시 네덜란드의 정치와 사회, 문화와 예술, 교육과 종교, 과학과 철학, 교회와 신학을 주요 인물들을 통해 개관하면서 소수에 머무르는 개혁파 신앙인들의 박해와 저항 그리고 투지와 열정을 소개하고 있습니다. 이를 통해 우리는 이 세대 안에서 그리스도인의 역할과 소명을 확인하고 잘못된 길로 나아가는 세상을 향해 교회가 서야 할 자리를 찾게 됩니다.

---

[1] 이 점은 다음의 글에서도 충분히 확인된다. 헤르만 바빙크, 『바빙크 시대의 신학과 교회』, 이스데반 편역 (서울: 기독교문서선교회, 2023), 64-109.

부록 1 "타락과 죽음에 대하여"는 바빙크가 『성경백과사전』에 기고한 부분을 소개한 것입니다. 이 부록은 바빙크가 성경에 얼마나 충성스럽게 헌신한 신학자인지를 유감없이 보여 줍니다.

결과적으로, 이렇게 분산된 바빙크의 단편들을 모으면서 본서의 제목을 『세상을 개혁하는 개혁 신앙』[2]이라고 붙인 것은 적절한 것으로 여겨지리라 믿습니다. 또한, 편역자로서 처음부터 의도한 것은 아니지만, 앞서 간행된 『바빙크 시대의 신학과 교회』(기독교문서선교회, 2023)와 함께 본서는 말하자면 "바빙크의 역동적 칼빈주의 소론집" 2부작(duology)을 자연스럽게 형성하게 되었습니다.

편역자로서 다음 분들에게 감사드립니다. 본서의 출간을 기꺼이 맡아주신 기독교문서선교회(CLC) 대표 박영호 대표님, 제2장의 내용을 게재할 수 있도록 소통해 준 '진리의깃발사'(Banner of Truth Trust)의 레이철 버클리(Rachel Buckley), 2023년 5월 1일부로 역사 속에 묻힌 '네덜란드개혁교회 해방파' 소식을 부록에 싣도록 허락해 주신 웨스 브레던호프(Wes Bredenhof) 목사님, "신칼빈주의" 논문의 번역 게재를 기꺼이 허락해 주신 코르넬리스

---

[2] 이 제목은 본서 제2장 마지막 부분에 나오는 다음의 문구로부터 모방한 것이다. "칼빈주의 안에서 온 세상을 정복하기 위한 추진력이 살아 숨 쉽니다." 바빙크는 개혁파(Reformed)를 신학적 개념을 가리키는 좁은 의미로, 칼빈주의(Calvinism)를 삶의 영역 전반을 아우르는 넓은 의미를 가지는 것으로 본다. 다음을 참조하라. 헤르만 바빙크, 『바빙크 시대의 신학과 교회』, 68-69. 그러나 개혁 신앙(Reformed Faith)을 가진 사람은 칼빈주의자(Calvinist)로서 살아가야 마땅하다는 점에서 개혁 신앙과 칼빈주의는 맞물린다. 바빙크에게 있어서 기독교의 사회 개혁은 복음의 가치를 돋보이게 함으로써 사회, 국가, 세상이 갱신되는 것이다. 그러나 국가의 제도를 기독교화시키려고 하지는 않는다. 또한, 기독교는 국가의 질서를 전복하려 하지도 않고, 권력이나 정치적 힘에 휘둘리거나 그런 힘을 사용하여 혁명을 이뤄 내려고 하지도 않는다. 기독교는 복음의 진수를 전면에 내세움으로써 빛처럼 어두운 곳을 밝히고, 소금처럼 정체성을 유지한다. 이것이 기독교적 개혁의 원동력이자 힘이다. 그러므로 기독교인은 교회를 통해서는 세속 정치의 지도자가 될 수 없으나 사회 기관을 통해서는 될 수 있다. 이에 따라 네덜란드 교회에서는 목사가 일반 정치인이 되고자 할 경우 목사직을 내려놓는다. 다음을 참조하라. 헤르만 바빙크, 『현대 사상 해석』, 박하림 역 (군포: 다함, 2023), 194-234.

프롱크(Cornelis Pronk) 목사님, 적합한 추천사를 보내주신 최덕수 목사님과 이태복 목사님 그리고 박재은 교수님께 심심한 감사의 뜻을 전합니다. 끝으로 바빙크의 신학[3]에 대해 도스커가 쓴 글을 붙입니다.

> 바울과 마찬가지로 바빙크에 대해서도 이렇게 말할 수 있습니다. 그는 모든 사상을 사로잡아 그리스도께 복종시켰다고 말입니다. 이 점은 합리주의에 대한 바빙크의 타협하지 않는 태도를 설명합니다.

Laus Deo!(찬송이 하나님께!)

압독국 무학산 자락에서

言犬

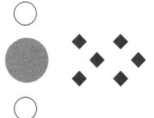

---

[3] 일반 성도들(청소년 이상)이 기독교 신앙의 개요를 파악할 수 있도록 작성된 바빙크의 저술이 국내에 번역 출간되었다. 본서는 바빙크의 신학을 압축한 것으로서 각 기독교 가정마다 한 권씩 소장하고 반복해서 읽을 가치가 있다. 헤르만 바빙크, 『기독교 신앙 안내서』, 박하림 역 (군포: 다함, 2024).

제1장

창조인가 진화인가?[1]

1. 서론

1) 영적 분쟁

시대의 징조를 해석함에 있어서 오판하지 않는 한, 우리가 막 들어온 20세기는 영들의 거대한 분쟁을 드러내고 있음을 알 수 있습니다. 괴테(Johann Wolfgang von Göethe, 1749-1832)[2]가 말하는 대로 믿음과 불신은 세상 역사의 가장 심오한 주제입니다.

이 문제는 우리 이전 수 세기 동안 존재해 왔고, 우리가 바로 지금 마감하고 과거 속에 버려둔 것 가운데 있었습니다. 그리고 다른 모든 것 위에

---

1 한글 번역에 사용한 영문판의 서지 사항은 다음과 같다. Herman Bavinck, "Creation or Development." Translated by J. H. de Vries. *The Methodist Review* 83 (1901): 849-74(Retypeset PDF through www.hermanbavinck.org). 네덜란드어판은 다음과 같다. Herman Bavinck, *Schepping of Ontwikkeling* (Kampen: J. H. Kok), 1901. 바빙크는 'evolutie'(evolution)보다는 'ontwikkeling'(development)이라는 용어를 주되게 사용하면서 둘 사이의 의미상 엄밀한 구별 없이 쓰고 있다. 본서에는 주로 '진화'라는 용어로 통일되게 번역했다. 도스커의 경우 이 논문의 네덜란드어 제목을 영어로 "Creation or Evolution"이라고 번역했다. 다음을 보라. Henry Elias Dosker, "Herman Bavinck", *The Princeton Theological Review*, 20(1922): 455.

2 독일의 고전주의 성향 작가이자 철학자이며 과학자.

그리고 우리에게 바로 지금 그 자체를 드러낸 20세기 내에 있는 전적으로 특별한 감각 내부에 존재할 것입니다.

왜냐하면, 믿음의 확신과 불신의 의지 사이의 분쟁은 더 넓은 영역으로 번져 나갔고, 심지어 더욱 급진적인 특징을 취했기 때문입니다.

이런 분쟁은 더 이상 우리 기독교 신앙고백의 한두 가지 조항에, 성경의 권위나 전통에, 칭의나 선택에 그리고 심지어 그리스도의 신성이나 성령의 인격성에만 제한적인 것이 아니라는 점은 현재 잘 알려져 있습니다.

그러나 문명 세계의 모든 부분 가운데 지금 일어나고 있는 영적 분쟁에서 점점 더 문제의 핵심이 되는 것은 기독교 그 자체의 원리, 모든 종교와 모든 도덕의 바로 그 근원입니다. 모든 경계를 가로질러 분쟁이 일어납니다.

그런데 이전 어느 때보다 더 심각하고 치열한 분쟁은 신구(新舊) 세계관 사이의 분쟁입니다. 왜냐하면, 인간은 온 세계와 그 안에 있는 모든 것들을 기원, 본질, 목적 내에서 이른바 순수하게 그리고 엄격한 과학적 측면에서, 즉 하나님 없이, 어떤 가시적인, 초자연적인, 영적인 요소 없이 그리고 단순하면서 물질이나 힘의 순수한 데이터로부터만 해석하기 위해 엄청난 노력을 기울여 왔기 때문입니다.

2) 새로운 세계관의 등장

실로 그런 엄격한 과학적 측면의 노력은 이전에도 시도되었습니다. 그러나 그때 그 일을 수행하려 했던 사람들은 고립되어 있었고 그들 자신의 진영 내에서 단지 제한적인 영향만 주었습니다.

또한, 통상적으로 그들은 세상을 해석하는 몇몇 두리뭉실한 개요 이상을 넘어서 계승하지 못했고, 오히려 존재하는 것들의 분할과 구획을 위해 계획하고 적용할 데이터를 제공하는 일에 실패했습니다. 그들이 제공한 체계들은 일치하지 않았습니다. 변변찮은 부분들이 그 체계들 가운데 곧장 발견되었습니다. 그 체계들은 우연에 대하여 너무 많은 여지를 허용했습니다. 심지어 스피노자(Baruch Spinoza, 1632-1675)[3]와 같은 사상가들마저도 물질과 그것의 특징 그리고 방식 사이에서 수학적 관계 이상의 것을 세울 수 없었고, 세상의 기원을 전적으로 설명하지 않은 채로 남겨 두었습니다.

그러나 세평에 의하면 이제 모든 것이 전적으로 바뀌었습니다. 헤겔(Georg Wilhelm Friedrich Hegel, 1770-1831)[4]의 범신론[5]은 절대자, 절대적이고 영원한 생성 과정에 대한 사상을 제공했습니다. 포이어바흐(Ludwig Andreas von Feuerbach, 1804-1872)[6]의 유물론[7]은 유일하게 존재하는 것으로서 물질과 힘의 세계에 이 사상을 적용했습니다.

그리고 존재에 관한 분투 속에서, 자연적이고 성적인 유전 선택 속에서, 획득 형질[8]의 유전 속에서 그리고 환경에 대한 적응 속에서 다윈(Charles Robert Darwin, 1809-1882)[9]의 진화론은 물질 세계 속에서 영원한 생성의 이런 지적 과정을 만들기 위해 필요한 수단을 제공했습니다.

---

3 네덜란드 암스테르담에서 태어난 포르투갈계 유대인 혈통의 철학자.
4 독일 관념론을 완성한 것으로 평가받는 철학자.
5 범신론(汎神論, pantheism)은 세계 밖에 별개로 존재하는 인격신이 아닌 우주, 세계, 자연의 모든 것과 자연법칙을 신이라 하거나, 그 세계 안에 하나의 신이 내재되어 있다는 철학, 종교관이자 예술적 세계관이다.
6 독일의 철학자이자 인류학자.
7 물질적 재료만이 실재 혹은 존재의 범주이며, 따라서 존재하는 모든 것은 정신의 표현이라기보다는 물질의 표현이라고 주장하는 철학적 관점. 다음을 참조하라. 스탠리 J. 그렌츠 외 2인, 『신학 용어 사전』, 진규선 역 (서울: IVP, 2022), 93. 유신론, 유물론, 이신론, 범신론을 구별하여 설명하는 다음의 자료를 또한 참조하라. 스티븐 마이어, 『하나님 존재 가설의 귀환』, 소현수 역 (서울: 부흥과개혁사, 2022), 265.
8 생물이 살아 있는 동안 환경에 적응한 결과로 획득한 형질을 말한다.
9 영국의 생물학자이자 지질학자.

그러므로 세기의 변화와 함께 단지 무생물만이 아니라 생물을, 단지 의식 없는 것들만이 아니라, 또한 의식 있는 것들을 그리고 예외 없이 하나님으로부터 독립적으로 또한 오직 내재적인 자기 발전으로부터만 이것들을 해석하려는 새로운 세계관이 점차 등장했습니다.

3) 보수적 이원론자 대(對) 급진주의자

이런 진화 교리의 추종자들이 적용에 있어서 모두 동일하게 나아가지는 않습니다.

추론으로부터 움츠러들고, 주어진 지점에서 멈추고 칸트(Immanuel Kant, 1724-1804)[10]를 모방하여 보다 작거나 큰 영역을 신비에 던져 버리는 사람들이 많습니다. 이들은 불가지론[11]자이며 이원론[12]자들입니다. 이들은 "우리는 몰라요", "우리는 절대 모를 거에요"라고 말하며, 과학에 접근할 수 있는 영역이, 알 수 없고 관통할 수 없는 신비에 관한 미지의 땅에 의해 둘러싸인 것을 당연한 것으로 간주합니다.

그들은 실제적이고 엄격한 지식을, 감각적으로 관찰할 수 있고 측량 가능하고 숙고 가능한 것들의 세계에 제한하면서, 이 세계에 관한 자신의 신앙을 표현하거나 자신의 상상을 창출하면서 각 개인에 의해 점유될 수 있는 접근 불가능한 영역을 유지하고자 합니다. 모든 것을 품고, 모든 것을 포괄하는 세계관에 체념하면서 그들은 믿음과 지식을 분할된 채로, 화합

---

10 독일 관념철학의 기반을 확립한 철학자.
11 신에 대한 믿음을 단언하는 것(유신론)도 아니고, 신의 존재를 부인하는 것(무신론)도 아니며, 그 대신 판단을 유보하는 입장. 다음을 참조하라. C. 스티븐 에반스, 『철학·변증학 용어 사전』, 김지호 역 (고양: 도서출판100, 2018), 48.
12 두 가지 별개의 기본 실체를 상정하는 모든 철학적 이론, 또는 두 요소 사이의 근본적인 차이를 중심으로 세워진 모든 철학적 이론. 다음을 참조하라. C. 스티븐 에반스, 『철학·변증학 용어 사전』, 94-95.

하지 않은 채로 남겨 두고 진리의 명부를 두 세트로 유지합니다.

그러나 이런 관점이 옹호될 수 없다는 것은 쉽게 인식됩니다. 모든 보수주의는 원리적으로 동의하는 급진주의에 대항하여 약하게 서 있습니다. 감각적이고 관측 가능한 세계에서 진화론을 온전하게 수용하는 사람은 영적인 현상이 등장할 때 즉각적으로 그리고 설명 없이 그것을 묵살할 수 없습니다. 비록 잠정적으로 신앙을 위해 작은 영역이 별도로 남겨지겠지만, 이 영역은 더 작아지게 되어 있습니다. 침략하는 백인들 앞에서 물러나야 했던 미국 인디언의 영역이 그랬던 것처럼 말입니다. 요새는 하나씩 희생되어야 하고, 방어선은 하나씩 포기되어야 하고, 양보는 하나씩 제공되어야 합니다.

이런 보수적인 이원론자들 속에는 흔들리지 않는 확신은 없고, 신앙의 힘도 없으며, 열정적인 용기도 없습니다. 그러므로 보수적인 이원론자들은 급진주의자들 앞에서 깃발을 내릴 수밖에 없었습니다. 급진주의자들은 확신의 용기를 가지고, 어떤 추론에도 위축되지 않고, 하나님 없이 일을 시작하고 지속하며 또한 하나님 없이 일을 마치기로 결정한 사람들입니다. 그러므로 이들이 미래의 사람들입니다.

보수주의자들과 자유주의자들은 사멸하지만, 급진주의자들과 사회주의자들은 20세기의 지도자들이 될 수 있습니다. 그들은 우리의 법과 도덕 속에, 우리의 교육과 문명 속에 여전히 의식적으로 또는 무의식적으로 남아 있는 옛 기독교 세계관이 무엇이든지, 그것을 완전히 그리고 최종적으로 정리하기를 주장하는 데 합의해 왔습니다. 왜냐하면, 그들은 결국 연합에 목마른 사람은 믿는 것과 아는 것 사이의 이중성과 양면성에 의해 살 수 없음을 깨닫기 때문입니다.

그들은 우리의 모든 확신, 경향성 그리고 행위 사이에 긴급한 조화의 필요성을 감지합니다. 그러므로 그들은 철학적 사고에 의해 유물론적 자연과학의 기초 위에 잘 완성되고 조화로운 세계관을 세우기 위해 활발하게 노력합니다.

이런 세계관은 지난날의 어리석은 신앙뿐만 아니라 불완전한 지식에 종지부를 찍을 것이며, 세계를 품는 체계의 마술적인 빛 속에서 영혼의 눈앞에 모든 것이 드러나게 할 것입니다.

4) 논지의 방향: 옛 세계관과 새 세계관의 대조

현재 옛 세계관에 대항하여 최근의 사례에 맞는 새로운 세계관이 배치될 것입니다. 그리고 결과적으로 새로운 세계관은 삶의 모든 부분, 다시 말해 기독교에 대항하는 비종교적인 것들에, 유신론적인 것들에 대항하는 무신론적인 것들에, 유기적인 것들에 대항하는 기계적인 것들에 또는 이른바 창조에 대항하는 진화의 세계관에 적용될 것입니다.

모든 것에 대한 기원, 본질 그리고 목표 뒤에 질문이 놓이는 법이므로 이들 두 세계관을 세 가지 점에서 비교하는 것이 우리의 목적입니다. 이 비교는 기독교 신앙 속에 우리를 더욱 견고하게 세우고, 우리 모두를 기다리며 다소간의 격렬함 속에 있는 분쟁에 대하여 우리를 힘 있게 다잡을 수 있을 것입니다.

2. 진화의 허구성과 창조의 경이로움[13]

1) 과학의 본질

사람에게 별로 중요하지 않은 지식이 많이 있습니다. 바닷속에 얼마나 많은 물방울이 있는지, 해변에 모래알이 얼마나 많이 있는지, 나무 한 그루에 얼마나 많은 잎이 있는지 또는 우리 머리에 얼마나 많은 머리카락이 있는지에 대한 지식은 아무런 가치가 없습니다. 이런 것들에 분주하고 호기심을 가지며 즐거움을 추구하는 사람들이 있습니다.

심지어 때때로 과학도 우리 시대에 모든 종류의 세밀한 조사 가운데 그 자신을 잃어버리고 수많은 나무 때문에 숲을 보는 시야를 잃어버리는 위험에 처합니다. 예를 들어, 문학은 종종 시인들의 삶에서 가장 작은 특정 부분들을 탐지하는 일에 여념이 없으며, 특별히 가장 광범위하게 그들의 추문 기사들을 드러냅니다. 그리하여 그들의 예술 작품들에 대한 더 나은 지식과 더 넓은 이해를 위한 최소한의 도움을 제공하지도 않습니다.

그러나 이런 것들은 과학에 도움이 되지 않습니다. 왜냐하면, 과학은 사소한 세부 사항에 대한 각종 지식이 아니라 오히려 사물의 본질에 대한 통찰이며 사물 속에서 관찰되어야 할 사상, 논리 그리고 보편성에 대한 이해입니다.

2) 지식의 종류

심지어 이런 개념 가운데서도, 과학적인 토대 위에는 지식에 대한 가치 속에 큰 차이가 있습니다. 학교에서 최고의 중요성을 가지고 이성의 개발

---

13 부록 1의 '1-3) 타락과 진화론' 부분과 연계하여 보라.

에 영향을 주지만 마음의 유익과는 동떨어져 있어서, 삶을 위해서는 아무런 의미가 없는 지식이 있습니다.

쇼펜하우어(Arthur Schopenhauer, 1788-1860)[14]의 말은 큰 진리를 포함하고 있습니다.

> 당신은 수학의 신뢰성과 정확성을 칭송하기를 멈추지 않습니다.
> 그러나 나와 관련 없는 것을 최대한의 확실성을 가지고 아는 것이 내게 무슨 소용이 되겠습니까?

토마스 아퀴나스(Thomas Aquinas, 1224/5-1274)[15]는 이렇게 말했습니다.

> 최고의 관심사에 대해 알 수 있는 최소한의 것이 헛되고 사소한 것에 대한 가장 완전하고 가장 정확한 지식보다 더 바람직하고 더 큰 가치를 가집니다.

차별 없이 모든 사람에게 최고로 관심 있고 시급한 지식이 있습니다. 이런 것들은 삶에 대한 질문들인데 모든 사람이 이에 대한 답을 요구합니다. 왜냐하면, 그 답은 일시적이고 영원한 복지와 가장 근접한 연결 속에 서 있기 때문입니다.

뭐라 말하든 간에 모든 사람은 삶이 놀이가 아니라 끔찍한 실제라는 것을 의식합니다. 삶의 중대함은 염려를 만들어 냅니다. 왜냐하면, 그야말로 삶에 영원이 달려 있기 때문입니다.

---

14 독일의 철학자로서 칸트의 비판적 계승자.
15 서방 교회의 저명한 신학자이자 스콜라 철학자.

각 사람은 영혼의 가장 깊은 부분에서 이 점을 확신합니다. 그리고 심지어 나쁜 방식 가운데서라도 최고의, 오래 지속되는 그리고 영원한 선을 추구함으로써 그 확신을 드러냅니다.

우리의 마음은 하나님을 위해 창조되었고 하나님 아버지의 마음에서 최고의 선을 발견할 때까지는 쉬지 않습니다. 그러므로 우리는 우리가 어디로부터 왔는지, 만물의 근원과 기원이 무엇인지, 모든 존재하는 것의 최종 기초가 물질인지 영인지, 사람의 힘인지, 무의식적인 충동인지 또는 천지의 창조주 하나님의 전능한 의지인지를 알아야 합니다.

3) 물질에 대한 이론들

우리 시대의 진화론은 실제로 사물의 기원도 없고 시작도 없다는 대답으로 이 질문에 대처합니다.

항상 존재했던 모든 것은 비록 다른 형태 가운데서라도 항상 존재할 것입니다. 물질의 법칙, 즉 질량과 힘의 불파괴성에 관한 질량 보존 법칙[16]은 특별히 헬름홀츠(Hermann Ludwig Ferdinand von Helmholtz, 1821-1894)[17]가 쓴 유명한 논문 『에너지 보존』(*Die Erhaltung der Kraft*)이 1847년에 출간된 이후 자연과학자들에 따르면 반박할 수 없이 제시되었고 모든 의심을 넘어 수립되었습니다. 이것은 19세기의 위대한 발명입니다.

지난해[18] 흐로닝언에서 하가(Herman Haga, 1852-1936)[19] 교수는 자연과학의 발전에 관한 연설 중 이렇게 말했습니다.

---

16 질량이 화학 반응에 의한 상태 변화에 상관없이 변하지 않고 계속 같은 값을 유지한다는 법칙이다. 물질은 갑자기 생기거나, 없어지지 않고 그 형태만 변하여 존재한다는 뜻을 담고 있다.
17 독일의 생리학자이며 철학자이자 물리학자.
18 본 논문이 발표된 1901년을 기준으로 지난해는 1900년이다.
19 네덜란드의 물리학자.

> 물의 입자는 하나의 눈 결정으로서, 산 정상에서 그것이 떨어지는 순간으로부터 추적될 수 있습니다. 그리고 빙하 얼음은 녹아서 개울을 따라 강과 바다로 밀려 나가기 위해서 수년이 걸립니다. 그리고 강과 바다에서 빙하 얼음은 다시 한번 증발해서 구름의 일부로서 대기 속에서 유체(流體)가 됩니다.

이것이 물질에 대한 가르침입니다. 그런데 이 동일한 법칙은 이동하고 변할 수 있지만, 결코 양에서 줄거나 증가하지 않는 힘과 관련하여 유효합니다.

하가 교수는 다음과 같이 말합니다.

> 선로를 달리는 기차는 갑자기 브레이크를 걸면 운동 능력은 상실하지만 미끄러짐, 바퀴, 선로 속에서 나오는 열은 똑같이 많은 양의 작업 능력을 나타냅니다.

많은 자연과학자는 이 중요한 법칙으로부터 물질이 영원하다고 추론합니다. 어떤 실제적인 의미 안에서 발생도 없고, 소멸도 없으며, 태어남도 없고, 죽음도 없습니다. 영원으로부터 존재했던 것은 영원까지 존재할 것입니다. 형태의 변화, 외형의 변화 그리고 끝없는 전환은 있습니다. 영원한 과정, 시작과 끝이 없는 물질과 힘의 순환 운동은 있습니다.

그러나 물질은 파괴될 수 없습니다. 물질은 영원한 시간과 무한한 공간을 관통하고 채우는 유일하고, 절대적이고, 영원한 존재입니다. 말하자면 그것은 더 새로운 세계관의 절대자입니다. 다른 신은 없습니다. 물질 및 힘과는 다른 속성, 이보다 더 높은 가치와 완전함, 더 칭송받는 이름은 없습니다.

그리고 그것은 복되고, 영광스럽고 자기 충족적인 존재가 아니라 운동의 지속되는 과정에 종속된 끊임없는 되어 감 그리고 영원한 긴급함입니다.

4) 사물의 기원에 관한 새로운 해석: 진화론

물질과 힘에 영원히 속하는 것으로 간주된 이 운동으로부터 만물의 기원이 해석되어야 합니다. 발달과 진화는 존재하는 모든 것을 다스리고 이끄는 영원한 법칙입니다. 그것은 맹목적인 운명과 헤아릴 수 없는 우연으로 하나님의 섭리를 대체합니다. 우리 행성계의 기원은 이 법칙에 의해 설명됩니다. 현재 형태 속에 있는 우리의 세계는 수천의 다른 세계를 앞세우며, 이는 다시 이 동일한 법칙을 따라 존재했고 사라졌습니다.

높이 평가받는 칸트와 라플라스(Pierre-Simon, marquis de Laplace, 1749-1827)[20]의 유망한 가설에 따르면, 최근의 앞선 우주가 안개의 가스 덩어리로 용해되었을 때, 현 세계가 강화, 회전, 천체의 형성에 의해 점차적으로 태양, 달, 별들 그리고 지구와 함께 나타났습니다. 다른 어느 곳에서와 마찬가지로, 지구도 또한 물질과 힘의 중단 없는 운동에 의해 그 자신을 계속 발전시켜 나갔습니다. 길고 헤아릴 수 없이 긴 규칙성을 따라 고등한 것은 저등한 것으로부터 자신을 발전시킵니다. 모든 종류의 진화에 의해 지구는 생물체를 위한 합당한 거주 장소로 자신을 형성합니다.

먼저 무생물, 바다와 육지의 형성, 산과 강의 형성, 광물과 지층의 형성이 있습니다. 그러고 나면 물질은 더 세밀한 계통을 따라 자신을 조직하고 힘의 작용은 더욱 복잡해지는데, 무기물로부터 마침내 생명의 전달자인 세포가 기원할 만한 환경이 조성될 때까지 그러합니다.

---

20   프랑스의 수학자.

그리고 그런 환경에 도달할 때, 수 세기를 거치면서 동식물계는 더 고등한 형태로, 더 풍성한 종류로 그리고 더 많은 개체로 자신을 발전시켜 나갑니다. 깊고 넓은 간격이 생물과 무생물 사이에 있는 것이 아니라 점차적인 전환이 있을 뿐입니다. 단지 더 복잡한 구성, 더 정교한 조직, 더 고등한 발달이 있을 뿐입니다.

마침내 같은 경로를 따라서 사람이 나타나기에 이릅니다. 사람은 자신의 형상을 낳으신 창조주의 손에서 유래하는 것이 아니라, 동물종의 더 고등한 진화체일 뿐이며, 가까운 동류들은 여전히 오랑우탄, 고릴라 그리고 침팬지 가운데 계속 살고 있습니다. 존재를 위한 치열한 투쟁 속에서 일부 동물들은 보다 더 탁월한 특징들을 획득하고 유전받아 점차적으로 지구상의 어느 지역에서 자신을 사람으로 진화시켜 왔습니다.

첫 사람은 존재하지 않습니다. 동물이기를 그만두고 사람이 시작된 장소를 가리킬 수 있는 사람은 없습니다. 수많은 시간을 거쳐 자신을 퍼뜨리는 느리고 점진적인 진화가 있을 뿐입니다. 가능한 가장 긴 시간의 영역 속에서, 가능한 가장 작은 변화에 의해, 저등한 것들로부터 모든 고등한 것들이 출현합니다. 그리고 사람 그 자신은 수백만 년에 걸친 절차의 결과물입니다.

이것이 사물의 기원에 관한 최근의 새로운 해석입니다. 이 견해에는 사람을 강하게 사로잡는 뭔가 인상적인 것이 있습니다. 이 견해 속에는 사고의 통일성, 구상의 대담성, 원리의 순서가 포함되어 있습니다.

이 견해가 많은 사람을 매혹시키는 것은 쉽게 이해됩니다. 그렇습니다. 사람이 모든 생명체에 대한 다른 해석을 제공하는 계시를 믿지 않을 때, 사람은 그 자신에게 다소간 이해될 만한 사물의 기원을 드러내기 위해 비슷한 방식에 묶여 있습니다.

생명체는 어떤 곳으로부터 나와서, 어떤 방식 속에 기원을 두어야 합니다. 이론은 여전히 불완전하고 많은 현상을 물리적이고 심리적인 세계 속에 설명되지 않은 채 남겨 둘 수 있지만, 스트라우스(David Friedrich Strauss, 1808-1874)[21]에 따르면 다윈은 인류의 가장 위대한 은인으로 환영받습니다. 왜냐하면, 다윈은 보다 운이 좋은 후손들이 기적을 영원히 쫓아 버릴 수 있는 문을 열었기 때문입니다.

초자연적인 것을 부인하고 심지어 모든 종교를 거부하는 시대는 모든 반대에도 불구하고 이성과 자신의 사고로부터의 구원을 전적으로 기대하고, 진화 속에 있는 세상의 모든 수수께끼를 푸는 해결책을 파악하는 것 외의 다른 일은 할 수 없습니다.

5) 진리가 될 수 없는 진화론

이 체계가 아무리 내적으로 통합된 것처럼 보이고, 아무리 쉽게 그 영향과 인기를 설명할 수 있더라도, 진화론은 과학이 아니라 상상의 산물입니다. 진화론은 통합에 목마른 이해의 일부분에 있는 개념 놀이입니다.

진화론은 논리적 사고에 의해 도움을 받아 경험적 자연과학의 토대 위에 세워진 것으로 말할 수 있습니다.

그러나 진화론은 어떤 견고한 기초가 없는, 구조의 엄밀함이 없는 공기 중에 떠 있는 성채, 즉 진정한 의미에서 공중(空中) 성채에 불과합니다. 첫 돌을 놓음과 함께 그것은 경험주의와 자연과학의 신뢰할 만한 결과들을 내팽개칩니다.

진화론은 진지한 의미에서 보면 주장하는 것처럼 과학도 아니고 과학적인 순서 맞히기도 아닙니다. 오히려 진화론은 주체가 자신의 역할을 수행하는 하나의 세계관, 철학자들의 어떤 체계만큼이나 불확실한 하나의 철학 그리고 다른 모든 사람의 의견이 큰 중요성을 가지는 것만큼의 중요성

---

21 독일의 자유주의 신학자.

을 가진 개인적인 의견일 뿐입니다.[22]

　본인의 주장이 옳음은 다음 사실에서 나타납니다. 비록 이 체계가 근래에 더욱 폭넓게 조사되었고 자연과학으로부터 나온 데이터와 함께 제공되었지만, 원리적으로 이 체계는 오래전에 철학자들에 의해 생각되고 추천되었다는 사실 말입니다.

　이전 시대나 지금 시대나 유물론은 엄밀한 과학적 조사의 결과가 아니라 철학적 사고의 산물이었습니다. 실로, 사례를 연구하는 자연과학의 본질로부터는 결코 자연으로 돌아갈 수 없습니다. 그런 자연과학은 자연의 기초 위에 서 있고, 자연의 존재를 가정하고 그러므로 기원에 대한 질문에 답을 할 수 없습니다. 만일 자연과학이 이 일을 수행한다면, 자연과학은 즉시 자신의 경로를 이탈하고, 자연과학이기를 중단하게 되며, 철학이 되고 맙니다. 땅에 화초가 오늘 피었다가 내일 지는 것 같은 다른 철학적 체계들과 동등하게 서 있는 철학 말입니다.

　자연과학은 금세기에 에너지 보존의 법칙을 발견했으나 논리적인 가능성이 없이는 이 법칙으로부터 물질과 힘이 영원하다는 점을 추론할 수 없습니다. 이런 법칙 때문에 지금 존재하는 것이 항상 존재했던 것은 아닙니다. 그러므로 인간의 힘이 파괴할 수 없다고 하여 파괴할 수 없는 것은 아닙니다.

　자연과학의 어휘에는 "영원한"이라는 단어가 놓일 곳이 없습니다. 왜냐하면, 자연과학은 오직 유한하고 보이는 것들과만 관련 있고 상대적인 것

---

[22] 바빙크는 관련하여 이렇게 말한다. "… 진화론 주창자 중 한 사람이 이 점을 솔직하게 시인한 바 있다. 진화와 기적 중의 어느 하나를 선택해야 하는데, 기적이 절대로 불가능하기 때문에 우리로서는 진화를 택하지 않을 수 없다는 것이다. 그러니 사람이 하등 동물로부터 진화하였다는 이론은 면밀한 과학적 조사에 근거하는 것이 아니라 오히려 유물론적인 철학, 혹은 범신론적인 철학의 가정 이외에 아무것도 아니라는 것을 그런 발언이 잘 드러내 주고 있는 것이다." 헤르만 바빙크, 『개혁교의학 개요』, 원광연 역 (고양: 크리스찬다이제스트, 2017), 234-235.

에 제한되기 때문입니다.

영원한 물질, 영원한 힘, 무한한 공간 그리고 끝없는 시간을 말할 때 자연과학은 자신의 경계를 벗어납니다. 이럴 때마다 자연과학은 의미를 이해할 수 없고, 나무로 된 철 그리고 사각의 원처럼 모순되는 결합을 가진 단어들을 가지고 움직일 뿐입니다.

자연과학이 영원한 운동을 말할 때, 이는 여전히 더 어리석은 것입니다. 영원한 운동은 또한 영원히 중단되었을 것이고 이는 정지된 것입니다. 시간 속에 떨어지는 것은 일시적인 것이고, 영원한 것은 시간 속에 떨어지지 않기 때문입니다.

운동은 움직이는 힘을 취하는데, 이는 추동력을 제공하고, 추동력은 운동을 생산하고 유지합니다. 그리스 철학자들은 이 점을 크게 확신했고 그들은 세상의 운동으로부터 원동력을 추론했습니다. 실로 세상은 스스로 움직인다고, 즉 영원한 이동체(perpetuum mobile)라고 말할 수 있습니다.

그러나 세상이 스스로 움직인다는 것이 창조만큼이나 놀라운 기적이라는 점을 제외하고, 이 움직임이 세상의 일부분이 아니라 전체 세상의 움직임이라고 생각하기는 어렵습니다.

또 운동은 그 자체로 전부가 아닙니다. 방향이 없는 운동은 없습니다.

움직일 뿐만 아니라, 주어진 방향 내에서 운동을 인도하는 힘은 무엇입니까?

어떤 승격 과정 속에서 태양과 행성, 하늘과 땅, 광물과 식물, 동물과 사람이 형성되는 결과를 낳도록, 운동이 그런 방향을 취하도록 하는 것은 무엇 때문입니까?

불분명한 해설에 의해 물질의 막연한 힘에 호소하는 것은 키케로(Marcus Tullius Cicero, BC 106-43)[23]의 예를 따라서, 『일리아스』(Iliad)[24]와 같은 정교한 책을 어떤 사람이 천 개의 글자를 우연히 집어넣은 것으로 설명하는 것처럼 터무니없습니다.

6) 자연과학의 한계

모든 것을 떠나서, 사물의 본질에 대해서 자연과학은 무엇을 알고 있을까요?

보이는 사물의 세계 속에서 사물의 본질은 지속적으로 움직이기 때문에 자연과학은 사물 속에는 물질과 힘 외에 다른 것은 아무것도 없다고 단언합니다. 자연과학은 항상 물질을 다루면서 영혼을 무시하고 부인합니다.

일찍이 신학은 모든 과학을 찬탈했다고 고소되었고 당연히 그렇게 되었습니다.

그러나 어떤 과학도 현대의 자연과학보다 더 전적으로 이 일을 수행한 적이 없습니다. 자연과학은 스스로를 유일한 과학이라고 주장하며, 심지어 모든 과학을 병합하려는 야망에서라면 영국과 러시아의 제국주의를 능가합니다. 자연과학은 계속적으로 생물학과 심리학, 신학과 철학을 자연과학에 통합된 것으로 선언합니다. 자연과학은 모든 과학에 자연과학의 방법을 강요하고 기계적 해석을 과학적인 주장으로 보증할 수 있는 유일한 것으로 간주합니다.

그러나 결국 자연과학은 이런 여러 과학의 대상을 구성하는 모든 현상을 어떻게 처리해야 할지 알지 못합니다. 자연과학은 본질이 무엇인지, 그

---

23 로마의 정치인이자 변호사이며 라틴어 작가.
24 호메로스가 저술한 현존하는 고대 그리스 문학의 가장 오래된 서사시.

본질이 물질과 힘일 뿐이라고 주장할 때 이들 각각이 무엇인지, 그것들이 어떻게 관련되어 있는지 말할 수 없습니다.

어떤 난제에도 움츠러들지 않는 헤켈(Ernst Heinrich Philipp August Haeckel, 1834-1919)[25]과 같은 사람도 사물의 내부 본질은 알 수 없다고 고백할 수밖에 없었습니다.

그리고 자연과학은 물질과 힘의 본질에 거의 침투하지 못하므로, 자연과학은 여전히 생명의 가장 깊은 존재를 분석하는 능력이 부족합니다. 생명, 곧 모든 생명은 존중되어야 하지만 설명될 수 없는 비밀입니다.

생명을 해부하려는 사람은 생명을 죽입니다. 모든 추적과 조사는 이런 창조의 신비를 가로질러 걸려 있는 베일의 한 구석도 들어 올리지 못했습니다. 특별히 파리의 파스퇴르(Louis Pasteur, 1822-1895)[26]와 같은 사람들의 연구에 의해 심지어 가장 저등한 유기체, 이른바 적충류(infusorien)라 할지라도 생명은 물질의 기계적 변화에 의해 저절로 기원하지 않는다는 점이 드러났습니다. 자연 발생(genaratio aequivoca)[27]은 없습니다.

영국의 자연주의자 톰슨(William Thomson, 1824-1907, 켈빈 경[Lord Kelvin])[28]과 같은 다른 사람들은 기계적인 해석에 실망하면서 다른 행성으로부터 나온 유성 속에 있는 생명의 싹이 이 땅에 떨어졌고 유기체를 존재하게 했다는 가정에서 피난처를 추구했습니다. 그리고 곧 알 수 있듯이 이런 가정은 문제를 흐트러지게 할 뿐이며, 더 나아가 지구상의 생명체의 기원을 순전한 우연에 할당합니다.

---

25 독일의 유명한 생물학자이자 박물학자 겸 철학자, 의사, 교수, 화가.
26 프랑스의 생화학자.
27 살아 있는 생물이 무생물로부터 생겨났다고 하는 설. 19세기 파스퇴르에 의하여 이 학설이 잘못되었음이 밝혀졌다(『고려대 한국어대사전』의 내용을 네이버 국어사전에서 인용).
28 아일랜드에서 태어난 영국의 수리물리학자이며 공학자.

헤켈은 생명은 물질, 힘, 운동과 동등하게 영원하기 때문에 해석이 필요하지 않다고 보았는데, 이는 단지 말장난에 지나지 않으며 약점을 고백하는 것과 마찬가지입니다.

봉어(Gustav Piers Alexander von Bunge, 1844-1920),[29] 린드플라이슈(Eduard von Rindfleisch, 1836-1908),[30] 드리슈(Hans Driesch, 1867-1941),[31] 오스트발트(Friedrich Wilhelm Ostwald, 1853-1932),[32] 하인커(Johannes Reinke, 1849-1931),[33] 픽테(Raoul-Pierre Pictet, 1846-1929)[34]와 같은 보다 젊은 연구자들은 먼저 경멸적으로 거부된 생명력으로 되돌아갔고, 또한 이는 기계적, 유기적, 에너지적 원리와 함께 세계관 속에 채택되었습니다.

'모든 생명체는 생명체로부터'(omne vivum ex vivo)라는 말은 여전히 과학의 최신 용어입니다.

7) 사람과 동물의 차이

사람의 기원의 문제를 다룰 때, 새로운 세계관은 모순의 그물 속에 그 자신을 더욱 연루시킵니다.

출발점의 무모순성이 주장하는 대로 새로운 세계관은 실로 사람이 동물의 후손이라고 언급합니다. 그러나 그것은 단일한 현상에 의해 설명되지 않습니다. 예전에는 동물과 사람 사이에 모든 종류의 관계가 존재한다고 알려졌지만, 성경이 가르치는 바에 따라 우리 시대에는 기껏해야 몇몇 특정한 사항 속에서만 동질성이 드러납니다.

29　영양 생리학 분야의 연구로 유명한 독일의 생리학자.
30　독일의 병리학자.
31　독일의 발생학자.
32　독일의 물리화학자.
33　독일의 식물학자이자 철학자.
34　스위스의 물리학자.

동물과 함께 사람은 여섯째 날에 창조되었습니다. 사람의 몸 또한 흙에서 형성되었습니다. 사람은 땅에서 나온 흙과 같습니다.

그러나 모든 관계의 특징들이 사람과 동물이 한 과(科)에 속하고 그들이 혈연관계라는 결론에 이르게 하지는 않습니다. 부인할 수 없는 유사성보다 훨씬 더 큰 것은 사람과 동물 사이의 원대한 차이점인데, 이는 직립 자세, 손, 해골, 뇌의 형성에 의해 그리고 이성과 자의식, 사고와 언어, 종교와 도덕성, 과학과 예술에 의해 더 많이 드러납니다.

더욱이 공통의 혈통과 함께 많은 수가 존재했어야 하는 전이 형태를 가진 단 하나의 표본도 나오지 않았습니다. 인간의 뼈와 해골의 부분적인 발견은 그토록 열렬하게 갈망한 전이 형태의 잔재로서 열정적으로 묘사되었습니다.

그러나 보다 정확한 조사가 진행되어 이 모든 잔재가 우리 자신과 같은 움직임을 가진 통상적인 사람들의 것임이 다시 밝혀졌습니다. 부지런하고 열정적인 조사에도 불구하고 저등 인간 진화의 각 화석 유형이 부족하다는 루돌프 비르호프(Rudolf Ludwig Carl Virchow, 1821-1902)[35]의 말을 반박할 만큼 오늘날에도 진전된 것은 없습니다.[36]

그러므로 지금까지 아무도 어디서, 언제, 어떻게 동물이 사람으로 스스로 진화했다고 설명하지 못했습니다. 우리가 과거로 돌아갈 수 있는 한에

---

35 독일의 병리학자이자 인류학자.
36 한윤봉은 다음과 같이 말한다. "공통 조상에서부터 변이의 축적과 자연 선택 기작으로 설명되는 연속적인 진화 과정에서 모든 종류의 생명체가 발생했다면, 한 종에서 다른 종으로, 한 종류에서 다른 종류의 생명체로 진화하는 과정을 보여 주는 중간 형태의 화석(빠진 고리 화석, missing fossils)들이 지구 곳곳에서 발견되어야 합니다. 그러나 현재까지 중간 형태의 화석은 발견된 적이 없습니다. 중간 화석의 부재는 다윈에게도 해결할 수 없는 고민거리였습니다. 그는 『종의 기원』에서 다음과 같이 말했습니다. "이 이론에 따르면, 수많은 중간 형태의 화석이 존재해야만 하는 데, 실제로 지층에서는 중간 형태의 화석 기록이 전혀 나타나지 않고 있음은 어찌된 연유일까?" 김병훈·한윤봉 공저, 『성경적 창조론이 답이다』(수원: 합신대학원출판부, 2019), 53.

서는 동물은 동물이었고, 사람은 사람이었습니다.

다윈의 혈통 이론은 진화론에서 필수적인 연결 고리일지도 모릅니다. 그러나 이것은 사실상 아무런 근거가 없습니다. 사람은 항상 그리고 여전히 피조계 내에서 독특한 종(種)을 구성합니다.

8) 경이로운 하나님의 창조

이런 이유로 성경의 첫 장이 포함하는 사물의 기원에 관한 경이롭도록 아름다운 이야기를 위해 여전히 과학 내에 공간이 있습니다.

우리는 또한 모든 피조물을 함께 유지하고 묶는 통일성을 인정합니다. 그러나 우리는 이 통일성을 차갑고 죽은 물질 속에 있는 것이 아니라 살아 계신 하나님, 전능자, 천지의 창조주 안에 있는 것으로 여깁니다. 그 통일성은 하나님의 의식 안에, 그분의 뜻 안에, 그분의 경륜 안에 있습니다.

태초에 통일성은 무질서한 물질, 무의식적인 힘, 이성이 없는 충동이 아니라, 의식 있는, 증거된 그리고 동시에 말씀하시는 말씀이었으며 이것이 모든 것을 존재하도록 불러냈습니다.

피조물은 그들의 기원을 절대자, 즉 하나님으로부터의 발산이나 그분의 진화에 빚지고 있지 않습니다. 왜냐하면, 발산과 진화 모두 절대자의 개념에 모순되기 때문입니다. 절대자는 스스로 불변하고, 영원하고, 완전한 존재이며 진화의 발산을 인정하지 않습니다. 피조물과 조화를 이룰 뿐만 아니라, 하나님의 존재와도 조화를 이루는 창조만이 사물의 존재를 해석합니다.

그래서 성경은 창조를 언급합니다. 6일간에 해당하는 점진적 연속 과정 속에서 전능자는 자신의 능력의 말씀에 의해 보이지 않는 착상의 세계로부터 모든 것이 나타나게 하십니다.

하나님은 말씀하셨고, 그것은 이루어졌습니다. 하나님은 명령하셨고, 그것은 유지되었습니다. 하나님은 없는 것들을 있는 것처럼 불러내십니다. 하늘과 땅, 창공과 구름, 산과 강, 태양, 달 그리고 별들, 풀과 목초, 기는 것과 네 발 가진 동물들을 말입니다. 하나님은 존재의 공허함으로부터 자신의 영의 호흡에 의해 그 모든 것을 형성하십니다. 그리고 하나님은 자신의 모양과 형상을 따라 사람의 창조와 함께 자신의 사역에 마지막 장식을 하십니다.

모든 것은 하나님의 혈통이며, 성자와 연합되며, 성령의 호흡에 의해 움직입니다. 모든 것은 하나님의 생각과 뜻, 이해와 경륜에 의존합니다. 그러므로 상호 연합된 모든 것은 하나의 세계, 하나의 우주이며 이 하나의 세계는 하나님 자신의 가족인 사람 속에서 면류관과 영광, 주인과 소유주를 받아들입니다.

이는 사물의 기원에 대한 얼마나 놀라운 통찰인지요!

얼마나 칭송받을 만한 단순성인지요!

여기에 시와 진리와 종교가 모두 하나로 되어 있습니다. 이는 자연과학이자 철학입니다. 경험과 사상, 머리와 마음은 여기에서 조화됩니다. 여기에 의식과 양심 모두를 만족시키고 인간의 모든 열망에 응답하는 세계관이 있습니다.

다른 면에서는 퇴보한 아담보다는 고상한 유인원이 되는 것이 낫다거나 가장 저등한 신(神)보다는 가장 고등한 동물이 되는 것이 낫다고 말할 수 있을지도 모릅니다.

그러나 사람은 그 자신의 창조자가 될 것이니 이런 말은 사람의 긍지를 저버리는 것입니다. 또한, 사람은 과학에서도 하나님과의 동등성에 대한 유혹 가운데 실패합니다. 그들은 하나님의 말씀을 거부하므로 지혜가 전혀 없을 뿐만 아니라, 그들은 또한 이성의 빛도 꺼 버립니다. 그들은 마음 속으로 말합니다.

'하나님은 없다.'

그리하여 그들의 오성을 어둡게 하고 그들의 마음의 생각 속에서 공허함을 느낍니다.

3. 진화의 정체성과 창조에 기반하는 세계관

1) 새로운 세계관이 말하는 세상의 개념

기원에 대한 첫 탐구만큼 동등하게 중요한 것은 사물의 기원을 조사하는 두 번째 탐구입니다.

세상이란 무엇입니까?
인간성과 개인은 무엇입니까?
나는 무엇입니까?

이런 질문에 대한 답변은 또한 우리 생각의 일치와 마음의 평화를 위해 필수적입니다.

새로운 세계관은 이 질문에 즉시 대답할 준비가 되어 있습니다. 물론, 새로운 세계관은 사실상 모든 피조물이 하나이며 동일하다고 주장합니다. 물질과 힘 외에 다른 것은 없는데, 바로 이 물질과 힘이 만물의 본질을 구성하고 형태의 끝없는 연쇄 과정 속에서 단지 변화할 뿐입니다.

하나님도, 영들도, 천국도, 보이지 않는 것들의 세계도, 영원한 선(善)을 위한 나라도, 도덕적 세계 질서도 없습니다. 순수하게 기계적이고 화학적인 힘에 의해 움직이는 측정 가능하고 무게를 잴 수 있는 것들로 된 보이는 이 세상을 제외하고 아무것도 존재하지 않습니다.

한마디로 세상은 하나의 기계이고 시계처럼 작동합니다.

그러나 세상은 사람이 만든 기계와는 구별됩니다. 사람이 만든 기계는 이성적인 의지에 의해 결합되었고 여전히 그것에 의해 통제됩니다. 그러나 세상은 멋지게 말하면 스스로 해석하고, 지속적으로 자신을 움직이며, 이성과 목적이 없이 완전히 맹목적이고 영원히 움직이고, 결코 멈추지 않는 하나의 기계입니다.

그러므로 세상은 살아 있는, 움직이는 유기적 통일체가 아니라 오히려 하나의 그리고 같은 부류의 영원한 존재이며, 목적 없는 순환적 움직임이며, 끝없이 무익하게 돌고 도는 것이며, 바다의 파도 물결과 공장의 돌아가는 바퀴처럼 단조롭고 지루한 것입니다.

2) 영혼의 작용을 물리적으로만 해석함

유기체, 살아 있는 것 그리고 사람 또한 이 메커니즘 속에 자신의 자리를 가집니다. 왜냐하면, 존재 가운데 서로 다른 피조물이란 없으며, 동족이라 할지라도 기원에서 서로 분리된 종은 없기 때문입니다.

모든 살아 있는 것들은 자동 장치, 기계이며 심지어 무기(無機) 피조물처럼, 단지 보다 정교하게 해석되고 더욱 예술적으로 구성될 뿐입니다. 사람도 예외가 아닙니다. 사람은 영혼을 가지는 것도, 자유를 가지는 것도, 책임과 독립을 가지는 것도 개성을 가지는 것도 아닙니다.

사실 사람은 사는 것이 아니라 살게 된 존재입니다.

사람에게는 우리가 '정신적'이라고 부르는 독특한 현상이 있습니다. 그러나 이것이 우리에게 이 모든 현상이 사람 자신의 것이라고 결론 내릴 근거를 제공하지는 않습니다. 실제적인 이유들 때문에 정신적인 현상들은 물리적이고, 감각적으로 관찰할 수 있는 현상들로부터 단지 일시적으로 구별될 뿐입니다. 정신적인 현상들은 종류와 본질에서 실로 동일합니다다. 정신적인 현상들은 가장 풍성하게 발전된 물질 변화의 가장 정교한 소산일 뿐입니다.

단순히 사람은 동물보다 더욱 정교하게 해석되기 때문에 그리고 사람의 가장 높고 고귀한 구조는 뇌이기 때문에 사람은 다른 피조물보다 더 정교하고 더 고귀한 결과를 낳습니다.

그러므로 우리가 사람에 관하여 발견하는 모든 정신적인 현상은 그 준비와 유비를 식물과 동물에게서 발견합니다. 오성, 이성, 양심, 의지, 감정, 열정, 경향성은 모두 저등 유기체와 함께 미개발된 형태 속에서 발생합니다. 정도의 차이일 뿐, 종류의 차이는 아닙니다. 사람에 관하여 이 모든 현상은 동일한 기계적, 화학적 방식 안에서 일어납니다. 사람은 생각하고, 뜻하고, 행하는 것을 생각하고, 뜻하고 행해야 합니다. 담즙이 간에서 나오는 것처럼, 생각은 뇌에서 나옵니다. 더 낫고, 더 정교하고, 더 큰 뇌일수록 더 낫고 더 깊고 더 풍성한 생각을 합니다.

　　인(燐)이 없으면 생각도 없습니다(Ohne Phosphor kein Gedanke).[37]

한마디로 사람은 먹는 대로 존재하는 것입니다.

---

[37] 네덜란드 출신의 자연과학적 유물론자이자 의사인 야콥 몰레스콧(Jacob Moleschott, 1822-1893)의 말이다. 그는 생명 현상은 모두가 화학적 과정으로 환원되어, 인간의 사유(思惟)도 뇌수에 받아들인 인(燐)의 작용에 불과하다는 생리학적 유물론을 역설하였다. 다시 말해, 영양과 호흡을 통해 뇌에 최상의 물질을 공급하는 사람은 사고와 의지가 가장 많이 발달할 것이며 시간이 지남에 따라 사회적 차이가 균등해질 것이라고 보았다. 다음을 참조하라. https://www.grin.com/document/157919.

3) 도덕적, 영적 가치에 대한 진화론적 해석

동일한 해석이 사람에게 통상적인 모든 영적 그리고 도덕적 가치에 적용됩니다. 언어, 종교, 도덕성, 예술, 과학, 법률, 역사 등은 최근의 실례에 있어서 모두 물질의 변화, 상황의 결과에 따른 산물입니다.

다윈이 말하는 대로 만일 동물들이 사람처럼 교육을 받는다면 동물들도 사람이 될 수 있습니다. 당신이 무엇이라고 부르든 간에 우연의 운명만이 결과를 다르게 결정합니다. 처음에는 짐승들처럼 살고 나뭇가지를 기어오르며, 여성들과 교통하는 가운데, 옳은 것이나 법칙, 선과 악에 대한 어떤 감각 없이, 상황에 강요되어 벌과 개미와 딱정벌레와 같은 방식으로, 사람들이 점차적으로 집단을 형성했습니다.

그리고 그런 집단 속에서 원래 사람에게 통상적인 동물적이고 이기적인 경향을 따라 그리고 이에 대조적으로 사회적인 본능이 천천히 개발되었습니다. 이 사회적인 본능은 다른 사람들에 견주어 무게를 달아 균형을 잡았으며, 사람들로 하여금 그들 자신만을 위해 배타적으로 살지 않고 얼마간 다른 사람들을 위해 살도록 했습니다.

이런 사회적 본능들은 사회에 의해 보호받고 고무되어 점차적으로 옳은 것과 그른 것, 선과 악, 참과 거짓에 대한 감각을 길러 왔고 예술과 과학의 필요를 일깨웠습니다.

그러므로 도덕적인 세계 질서는 없으며, 객관적인 옳음도 없고, 불변하는 도덕법도 없으며, 절대적인 좋음과 나쁨의 구별도 없습니다. 모든 것이 상황의 산물입니다. 다른 관계 아래에서 도덕법은 전적으로 다를 수 있습니다. 선한 것이 악한 것이 되고, 옳은 것이 나쁜 것이 되고, 진리가 거짓이 됩니다.

종교조차 객관적인 가치를 가지지 않습니다. 종교는 자아 감정과 필요 감정의 분쟁으로부터 나옵니다. 자연에 의존하고 때때로 자연에 저항함에 있어서 무력하며, 물리적 또는 윤리적 의미에서 자신을 유지해야 하는 사람은 자기 자신의 영적인 삶과 유사하게 존재하도록 붙드는 보이지 않는 힘을 처음에는 자연 속에서 나중에는 자연 위에서 추구합니다.

그리고 사람은 자아 감정과 필요 감정의 분쟁 속에 희생과 기도에 의해 보이지 않는 힘의 도움을 관여시키고자 노력합니다.

그러나 하나님께 대한 예배의 관점에서 종교는 존재하지 않습니다. 하나님이 존재하지 않기 때문입니다. 기껏해야 종교는 주관적인 가치를 가질 뿐입니다. 오직 사람만 사물들의 기준입니다.

4) 하나님의 형상을 꺼트리지 못함

이런 것들이 물질의 본질과 영적인 현상에 관한 보다 새로운 세계관의 사상입니다.

어떤 사람은 이렇게 물을 것입니다.

> 어떻게 그게 가능한가요?
> 그리고 아무튼 이런 관점에 대한 믿음이 어떻게 과학이라는 이름 안에서 주장될 수 있나요?

왜냐하면, 이런 관점에서 보면 선과 악, 옳음과 그름, 진리와 거짓이 차이가 없음이 즉시 분명해지기 때문입니다. 개인적인 믿음과 선택에 따라 모든 것이 그 시간과 장소 안에서는 선하고 아름답고 참됩니다.

그러나 보다 새로운 세계관의 지지자들은 진리, 즉 안개를 쫓아 버리고, 오류를 몰아내고 행복의 상태를 여는 순수하고 충만한 진리를 가지고 있다고 주장합니다.

그들은 수수께끼가 없고 신비가 없는 세상을 가지고 있다고 생각하며 알 수 없는 대담함을 가지고 다른 사람들에게 그것을 강요합니다. 그들은 자신들의 원리에 따라 회의적인데, 한편으로는 실제적으로 완고한 교조주의자들이며 종종 종교적 신념의 지지자들보다 더 나쁜 광신자들입니다. 그들은 객관적인 진리를 인정하지 않지만, 많은 정통 신자보다 자신들의 가르침에 관한 진리를 더욱 확신합니다. 그들은 어떤 단일한 사실에 의해 급진적이고 결정적인 지점에서 옛 세계관의 타당성과 가치에 경의를 표합니다.

죄는 그 자신도 모르게 항상 미덕에 경의를 표해야 하고, 거짓은 무슨 옷으로 그 자신을 가리고 있든지 반대하는 진리에 존경을 고백해야 합니다. 과학의 이름 안에서, 즉 진리의 이름 안에서 새로운 세계관의 옹호자들이 자신들의 체계 안에 있는 믿음을 요구할 때 그들은 진리와 거짓 그러므로 또한 선과 악 또는 옳고 그름, 아름다운 것과 추한 것에 대한 독립적인 차이, 사람들이 가지는 견해의 객관성을 인정할 수밖에 없습니다.

그렇습니다. 더욱이 새로운 세계관의 옹호자들이 확신의 온기를 가지고 화법의 설득력과 논쟁의 힘을 가지고 자신들의 진리를 인류의 공통 선(善)으로 만들려 하고, 그리하여 참되고 선하고 아름다운 영역, 즉 "일원론의 삼위일체"인 미래의 행복한 상태에 기여하고자 할 때, 그들은 가시적 세계를 훨씬 능가하고 이를 통치하고 지배하는 비가시적 세계를 의도합니다.

그들은 진지한 사고와 강한 의지에 의해 자연의 강박을 부수려고 시도함으로써 그들 자신이 기계적인 자연 질서보다 훨씬 고차원적이고 본질상 그것과 다른, 보다 높고 합리적이며 도덕적인 세계의 시민임을 보여 줍니다. 그들 자신은 물리적 필요에 만족하지 않고 인간 인격의 독립성과 자유를 존중합니다. 그들은 그들이 기계가 아니며, 동물도 아니며 사람이라는 것, 즉 하나님의 형상을 따라 창조된 하나님 자신의 세대에 속한 사람들이라는 가장 강력한 증거를 제공합니다.

실로, 이 하나님의 형상은 전적으로 쓸려가 버리도록 그 자신을 결코 내버려두지 않습니다.

이 형상은 또한 가장 깊숙한 곳에서 가장 광범위하게 잘못된 사람 속에서 작동합니다. 이 형상은 지워지지 않는 특징을 지니고, 심지어 불안과 양심의 고소 속에서도 자신을 옹호합니다.

사람은 거짓에 고착할 수 있지만, 자신이 거짓을 진리라고 붙드는 것을 제외하고는, 결코 거짓을 행하지도 못하고, 행할 수도 없습니다. 그러므로 그는 진리에 경의를 표합니다.

사람은 죄의 종이 될 수 있습니다. 그러나 사람은 악을 선으로 여기는 것을 제외하면, 결코 죄의 종이 아니며 종이 될 수도 없습니다. 그래서 선에 경의를 표합니다.

사람은 우상에 무릎 꿇을 수 있습니다. 그러나 우상 속에서 자신이 유일하고 참된 살아 계신 하나님을 보고, 영원한 존재에 대한 경외심과 두려움을 고백한다고 생각하지 않는다면, 결코 우상에 무릎 꿇지 않으며 그럴 수도 없습니다.

하나님은 그 누구에게도 자신을 증거하지 않은 채 두지 않으십니다. 각 사람의 의식과 양심, 이성과 마음속에는 영원하고 보이지 않는 자산의 왕국이 스스로를 드러내는데 이 왕국은 어떤 의심의 길에서도 벗어나지 않고 대담한 부인으로부터 움츠러들지도 않습니다.

유물론자는 물질 세계를 맹목적으로 바라볼 수 있습니다. 그러나 영적이고 이상적인 자산들도 또한 자산입니다. 비록 그것들은 무게를 달거나 측정하거나 지폐로 바꿀 수 없을지라도 말입니다. 숙고할 만한 물질적 및 기계적 힘의 세계뿐만 아니라 죄, 죄책, 통회, 회개, 은혜, 사랑, 위로, 용서 등도 해석되어야 할 현상입니다.

5) 공상 속을 헤매는 새로운 세계관

보다 새로운 세계관이 이런 영적 및 도덕적 현상에 대해 제공하는 해석은 실제로 그 이름에 걸맞지 않습니다. 고백해 보십시오.

인격이 자유를 강탈당할 때, 참과 거짓, 선과 악, 옳고 그름의 객관적 존재가 부인될 때, 종교와 도덕성이 공상 속에서 용해될 때, 그것을 해석이라고 부를 수 있을까요?

우리는 영적이고 물질적인 현상의 오류 없는 연결과 상호 관계를 가능한 멀리 그리고 깊게 추적하려는 정당한 이유를 논박하지 않습니다. 그러나 해부학적으로, 생리학적으로 뇌를 조사하고 생각을 연구하거나 또는 해부학적으로 그리고 생리학적으로 심장을 조사하고 사랑을 해석하는 사람이 적은 것과 마찬가지로 종교와 도덕성, 예술과 과학의 비밀을 발견한 사람은 매우 적은데, 이들은 어떤 주어진 시기의 사회적 환경과 그것들의 관계를 빛 가운데 드러내고자 합니다.

이렇게 사고하는 사람은 누구든지 실로 인간의 마음이 요구하는 것을 조롱합니다. 그들은 예수님의 비유 속에서 자비롭지 못한 친구들처럼 행합니다.[38] 우리가 떡을 구할 때, 그들은 우리에게 돌을 줍니다. 우리가 생선을 구할 때, 그들은 우리에게 전갈을 줍니다. 악한 사람들의 자비는 여전히 잔인하다는 증거로 말입니다.

그리고 이사야 29장 8절에 따르면, 이런 과학의 빵을 먹고 사는 사람은 꿈을 꾸는 배고픈 사람과 같을 것입니다.

---

38 이 비유는 마태복음 7장 또는 누가복음 11장에 나오는 비유인데 친구 관계가 아니라 부자(父子) 관계에서 아버지의 행동을 비유하는 것이다. 바빙크는 자신의 기억 속에서 성경 이야기를 인용하면서 부자 관계를 친구 관계로 오해한 듯하다. 네덜란드 원문에도 '무자비한 친구'(onbarmhartige vriend)라고 기록되어 있다. "Zij doen als de onbarmhartige vriend in Jezus' gelijkenis:…" Herman Bavinck, *Schepping of Ontwikkeling*, 38-39.

보십시오. 그는 꿈속에서는 먹지만 깨어날 때 그의 영혼은 배고픔을 느낍니다. 아니면 목마른 사람이 물을 마시는 꿈을 꾸는 것과 같습니다. 보십시오. 깨어날 때 그는 어지럼을 느끼고 그의 영혼은 물을 마시려는 갈망을 가집니다.

6) 창조에 기반하는 진화

진화론은 창조의 풍성함과 다양함을 해석할 수 없습니다. 실로 진화라는 단어는 기계적인 세계 해석의 관점에서 보면 제자리에 있지 않습니다. 진화론자들은 진화라는 단어를 부당하게 전용했고, 자신들의 핍절을 감추는 표어로, 그 핍절의 짐을 드러내는 깃발로 사용합니다.

그러나 진화는 창조에 대항하여 서지 않으며, 오히려 창조의 기초 위에서만 서고 창조의 고백 안에 들어갑니다. 진화는 스스로 아무것도 생산하지 않으며 존재나 생명의 모체가 아닙니다. 진화는 단지 근원 속 내부에 감추어진 것을 드러낼 수 있는 운동의 유형일 뿐입니다.

그렇지만 소위 진화론은 기원에 대한 지식을 가지지 않습니다. 진화론은 기질이나 능력, 적합성이나 민감성에 대해서 아무것도 모릅니다. 진화론의 체계 속에는 원자와 원자의 복합체들 외에 어떤 다른 것이 없습니다. 이런 것들은 그 자체적으로는 전적으로 수동적이며 외부 환경에 의해 기계적 또는 화학적 방식 안에서만 배열됩니다.

이것은 진정한 의미에서 진화라고 할 수 없습니다. 부품이 요소별로 하나하나 준비되고 나중에 조립되는 기계와 관련하여 진화를 생각하는 사람은 아무도 없습니다. 진화는 전능한 창조에 의해 존재가 생명체에 주어질 때만 기회를 가집니다. 그 생명체는 유기적 성장을 거쳐 근원과 원리 속에 이미 있는 것으로 되어져야 합니다.

진화를 말하는 사람은 사상, 계획, 법칙, 목적을 참고합니다. 즉, 진화를 언급하는 사람은 하나님을 부릅니다. "질료"(ὕλη) 속에 "형상"(εἶδος)[39]을, 근원 속에 완성된 유기체를, 현재 속에 미래를 두셨고, 창조 속에서 모든 시간과 기회를 계획하신 그 하나님을 말입니다.

진화는 창조에 대항하여 서는 법이 없으므로, 한편으로는 가장 풍부한 진화를 가진 창조와 다른 한편으로는 비슷한 원자군의 우연에 의한 기계적 조합 사이에 선택의 여지는 거의 남아 있지 않습니다. 진화는 근원과 결과 사이에 서 있습니다.

하나님의 섭리 아래에서 진화는 처음부터 끝까지 하나님께서 존재하도록 주신 생물과 생명의 모든 풍성한 것을 인도하고 전개합니다.[40]

---

39 영문 번역본에는 헬라어 음역으로 "*cidos*"라고 잘못 기재되어 있으나, 네덜란드어 원문에는 "*eidos*"라고 바르게 기재되어 있다. 본 한글본에는 오해를 막기 위해 음역 '*hyle*' 및 '*eidos*'대신 원래의 헬라어를 표기해 두었다. 이는 라틴어로 각각 '*materia*' 및 '*forma*'에 해당한다.

40 여기서 바빙크가 말하는 '가장 풍부한 진화를 가진 창조' 및 '하나님의 섭리 아래에서 진화'는 창조 세계 내에서 일어나는 생물 종(種)들 각각의 생육과 번성 및 나아가 소진화(microevolution)에 대한 정당한 인정이며, 그 외의 다른 어떤 것을 바빙크가 말한다고 결코 볼 수 없을 것이다. 이는 이 글의 전체 문맥과 바빙크의 신학 사상을 통해서 볼 때 의심의 여지가 없다. 관련하여 다음과 같은 바빙크의 언급을 참조하라. 헤르만 바빙크, 『개혁교의학 2』, 박태현 역 (서울: 부흥과개혁사, 2011), 603(270항):
"… 다섯째 날에 물들 자체가 하나님의 능력의 말씀에 의해 모든 물속의 동물들을 산출했고, 하늘은 온갖 새들로 가득했다. 물속의 동물과 공중의 새들은 그 종류와 수효에 있어서 대규모 집단으로 창조되었다. 그래서 그다음 날 여섯째 날에 하나님의 명령으로 땅에서 나온 땅의 동물들이 창조되었는데, 그것들은 구체적으로 세 가지 종류로서 야생 동물들, 가축들과 기어 다니는 동물들이다. 그리고 마지막으로 인간이 창조되었는데, 인간은 하나님의 특정한 경륜(즉, 하나님 자신의 형상을 따라 창조하시겠다는 삼위일체 사이의 협의)이 있은 후, 흙으로 몸이 빚어졌고, 그 영혼은 하나님이 직접 창조했다." 괄호 내용은 편역자의 첨가임. 또한, 창세기 1장과 2장의 불연속성을 주장하는 사람들에 대하여 바빙크는 이렇게 가르친다. 헤르만 바빙크, 『개혁교의학 개요』, 220-221:
"창세기 1장의 인간 창조 기사는 2장에 가서 더 확대되고 보다 더 상세히 전개된다(창 2:4하-25). 창세기 2장을 제2의 창조 이야기로 잘못 지칭하는 경우도 있다. 하늘과 땅의 창조가 이 장에서 전제되고 있고, 또한 4절 하반절에서도 언급되고 있는데, 이는 하나님이 땅의 흙으로 사람을 지으신 방식을 소개하기 위한 것이다. 2장 전체의 강조

7) 유기체적 세상의 총괄 건축자이신 하나님

유물론적인 일방성과 구별하여 우리의 세계관 속에서 단지 소수만 아니라 모든 현상을 품을 때, 우주에 대한 우리의 시야는 크게 변화하고 그 시야를 넓힐 수 있을 것입니다.

왜냐하면, 세계는 단조로운 일원론이 아니며, 기계적 공정도 아니고, 비이성적인 기계도 아니며, 오히려 유기적이고 살아 있는 완전체이기 때문입니다. 세계는 단지 물질과 힘만 아니라 영혼과 양심, 이성과 의지도 포함합니다. 세상 속에는 단지 기계적이고 화학적인 것뿐만 아니라, 영적이고 도덕적인 힘도 작용합니다. 세상 속에는 단지 물질적 자연을 위한 법칙만 중요한 것이 아니라 식물과 동물, 천사와 사람, 사회적 및 정치적 생활, 종교와 도덕성, 과학과 예술 그리고 참되고 선하고 아름다운 모든 영역을 위한 법칙도 중요합니다.

태초로부터 하늘과 땅은 서로 구별되었습니다. 해, 달, 별들도 자신의 임무를 부여받았습니다. 식물, 동물, 사람 각각은 그들에게 맞는 본성을 지닙니다. 모든 것이 하나님에 의해 그 자신의 본성을 가진 채로 창조되었고, 그 자신의 법칙을 따라 존재하고 살아갑니다. 비록 피조물들은 구별되지만 서로 분리되어 있지 않습니다. 그것들은 함께 하나의 완성체, 하나의 유기체, 하나의 예술 작품을 형성합니다.

점은 사람의 창조에 있고, 또한 사람의 창조가 일어난 방식에 있다. 창세기 1장과 2장의 큰 차이는 2장에서 사람을 지으신 일에 대해서 이렇게 상세히 보도한다는 데 있는 것이다." 1장의 3일째 식물 창조를 2장 5절의 '아직 초목이 없었다'라는 구절과 직접 대조하면서 1장의 6일 창조를 부인하는 사람들(특히, 유신진화론자들)이 있는데, 이들은 2장 6절과 7절 사이에 반복을 피하기 위해 실제 창조 사건들이 창세기 저자에 의해 생략된 가능성을 생각하지 않기 때문이다. 즉, 2장은 1장의 창조 사건의 반복에 있지 않고, 창조 시의 정황만 소개하고 곧바로 인간의 창조에 무게 중심을 두면서 나아가고 있음을 보아야 한다. 헤르만 바빙크, 『개혁교의학 2』, 603(270항).

그리고 하나님 자신이 그것들의 예술가이자 총괄 건축자이십니다. 하나님 안에, 하나님의 경륜 안에, 하나님의 뜻 안에 모든 피조된 것이 근원을 발견하고 존재를 유지합니다. 모든 것이 하나님으로부터 나오고, 하나님 안에 모든 것이 있고 움직이며 존재를 가집니다.

하나님은 기계에서 나온 신도 아니고, 극심한 필요 속에서의 도움도 아니십니다. 사람은 자연의 강력한 힘과 자신의 투쟁 속에서 도움을 얻기 위한 마지막 방책으로서 하나님을 부릅니다.

그러나 하나님은 모든 존재의 출처이시며, 모든 생명과 빛의 근원이시며 그리고 모든 선한 것의 넘쳐흐르는 원천이십니다. 하나님은 세상 속에 자신의 미덕을 보이시고 자신의 영광으로 세상을 채우십니다.

8) 구속적 세계관의 아름다움과 풍요로움

다시 돌아가, 보다 새로운 세계관은 하나님을 필요로 하지 않습니다. 더욱이 그리스도에 대한 필요성도 없습니다.

그런 세계관은 죄 또는 죄책에 대하여 아무런 지식도 갖지 않습니다. 그런 세계관은 구원자를 필요로 하지 않으며, 단지 자신을 구원할 뿐입니다. 그런 세계관은 진화에 대해서 그리고 문명화에 대해서 언급하지만, 마음은 변화되지 않은 채로 남겨 두고 기껏해야 사람 안에 있는 "야생 동물"을 잠시 확인할 뿐입니다. 그런 세계관은 성령에 의한 중생과 갱신에 대해서 또는 불경한 자를 의롭게 하고 세상을 정복하는 믿음에 대해서는 아무것도 모릅니다.

그런 세계관은 이교도의 세계관입니다. 이교도들은 하나님을 알되 하나님으로서 영화롭게 하지 않고, 하나님의 진리를 거짓으로 바꾸는 데 만족하며, 영원히 영광받으실 창조주 위에 피조물을 경배하고 섬깁니다. 그런 세계관은 위로부터 오는 구원을 경멸하고 자아를 깊은 곳에서부터 높이

들어 올립니다. 그런 세계관은 하나님 편에서 사람이 되시는 성육신과는 아무런 관련이 없고, 오히려 사람 편에서 신성에 이르는 것으로 성육신을 대체합니다.

그러나 보십시오. 죄와 슬픔, 수수께끼와 신비의 세상 가운데, 우리 앞에 있는 골고다의 높은 곳에 그리스도의 십자가가 서 있습니다. 그리고 그 십자가 위에서 하나님과 세상, 천사와 사람, 백성들과 나라들, 실로 모든 피조물이 서로 손을 맞잡고 화해와 평화의 징표를 교환합니다. 십자가 속에서 존재와 생명의 모든 수수께끼가 원리적으로 스스로를 풀어냅니다.

그리하여 하나님은 그 자신을 세상과 화해시키셨고, 모든 권력과 권세를 영광스럽게 이기셨습니다. 모든 것이 하나님의 것이며, 만물은 하나님 안에 그리고 하나님에 의해 존재하고 머뭅니다. 그리고 만물은 분산하고 나서 다시 하나님께로 돌아올 것입니다.

이 세계관이 전 우주를 생명 없는 원자들의 우연적인 놀이로 바라보는 관점보다 더 실제적이고, 더 아름답고, 더 풍성하지 않습니까?

4. 진화론의 공허함과 성경적 소망

1) 목적을 말할 수 없는 진화론

사물의 결말과 목표에 대한 세 번째 질문은 다른 두 질문과 마찬가지로 중요합니다.

세상의 결말은 무엇입니까?
세상 역사의 관심사는 무엇입니까?
나는 어디로 가고 있습니까?

이 점에서 진화론의 불충분성과 불만족스러운 성격이 특별히 명백히 드러납니다. 한마디로 진화론은 종말에 대해 아무것도 알지 못합니다. 진화론은 사물들의 계획과 운명에 대해 아무런 언급도 하지 않습니다. 진화론의 체계 속에는 세상과 인간의 어떤 역사를 위한 공간이 없습니다.

종종 삶이 교리보다 더 강력하게 드러나고, 실천이 자주 이론을 이기는 것이 사실입니다. 진화론자들의 저술 속에서 우리는 반복적으로 목적이라는 언급을 만납니다.

예를 들어, 헤켈은 "귀, 눈 그리고 손의 구성이 그 목적에 매우 훌륭하게 어울린다"라고 선언하여, 우리로 하여금 "예상된 계획을 따른 창조"라는 잘못된 가정을 받아들이도록 유도합니다.

그러나 목적이라는 언급은 이런 예들 가운데 무의식적으로, 아니면 근거 없이 나타납니다. 진화론의 체계는 계획이나 목적을 위한 공간을 제공하지 않습니다. 그러면 우연이라는 변덕에 의한 운명의 강요만이 지배하게 됩니다. 모든 것이 이유와 목적 없이, 그저 있는 대로 있을 뿐입니다.

진화론은 만물이 무슨 목적으로 임무를 감당하는지에 대한 질문에 어떤 답도 제공하지 않습니다. 이 질문에 진화론은 침묵합니다. 각 개인이 임무를 감당해 나가는 일에 목적은 없습니다. 사람은 존재하지만, 왜 존재하는지 그리고 무슨 목적으로 존재하는지는 말할 수 없습니다. 사람은 얼마간 이곳에 남아 있다가 떠납니다. 그러면 끝입니다.

희극은 끝났습니다(la farce est jouée). 죽음이 가련한 인생의 마지막입니다. 왜냐하면, 마음도 영혼도 없기 때문입니다. 불멸은 어리석은 것이며, 불멸에 대한 믿음은 자기만족에 불과합니다. 무덤, 아니 더 나은 것으로 화장로(火葬爐)가 사람의 최후 거주지입니다.

인류를 위한 목적은 없습니다. 역사는 자유의 극장이 아니라, 오히려 물리적 세계처럼 그리고 동등한 필연성을 가지고 기계적 힘과 법칙에 의해 지배됩니다. 의지, 개인 그리고 사람을 고려하고 역사의 과정이 이와 같은 것들에 의존한다고 간주하는 역사 연구는 전적으로 잘못되었습니다. 자연과학적 방법에 경의를 표함이 마땅한데, 이 방법은 사회 속에서, 군집 속에서, 경제적 관계 속에서 그리고 사회적 환경 속에서 유일하고 지배적인 역사의 요소를 바라봅니다.

그리고 이로부터 사람들을 그들의 사상과 소망, 종교와 도덕성, 예술 및 과학과 함께 해석합니다. 불합리하고, 무계획적이고, 목적 없는 인류는 파멸을 맞이하기 위해 앞으로 나아갈 뿐입니다.

지구를 위한, 즉 전체적으로 현 세계를 위한 목적은 없습니다. 과학은 지구가 한 부분을 구성하는 전 행성계에 특정한 종말이 온다고 가르칩니다. 이전에 행성계가 증기 덩어리로부터 나온 것처럼, 언젠가는 그렇게 돌아갈 것이라고 말입니다.

2) 종말을 향해 나아가는 지구

현재의 상태가 영원히 지속될 것이라고 말하는 사람들이 소수 있습니다. 그러나 자연과학은 이 점을 반박하며 옹호될 수 없는 것으로 간주합니다. 사람뿐만 아니라 지구에 대해서도 끝없는 기간 및 끝없는 진보는 상정될 수 없습니다. 종말은 반드시 옵니다. 과거나 현재 속에서 수백만 년을 세어 보는 것은 유치한 놀이이며, 성숙된 마음에 어울리지 않습니다. 그리고 기껏해야 인도 신화의 거대한 숫자들의 가치에 지나지 않습니다.

모든 자연과학자는 수백만 년 후에 지구는 종말에 이를 것이라고 가르칩니다. 아무리 공급이 풍성해도 지구는 무진장하지 않습니다. 인류가 증가하여 온 지구를 뒤덮는 것처럼 석탄, 목재, 토탄, 광물 등은 양적으로 점차 감소합니다.

이런 이유 때문에 인류의 진화가 끊임없이 진전하는 것으로 받아들일 수 없습니다.

여기에 우리의 행성계 전체 속에서 맹렬한 교란이 점차적으로 일어나야 한다는 점이 추가됩니다. 계산에 의하면 지구의 공전 속도는 매 60만 년마다 최소 1초씩 감소합니다. 이것은 매우 작은 변화로 보입니다. 그러나 수십억 년 후에는 낮과 밤의 관계에 변화를 가져올 것이 분명하고, 이는 지구위에 사는 것을 불가능하게 만들 것입니다.

자연과학자들 사이에 유일하게 다른 점은 태양과 지구 중에서 어느 것이 더 오래 지속될 것인지에 대한 것입니다. 태양이 열을 발산하지 못하고 먼저 소진되면 지구는 얼어붙어서 죽음에 직면하게 될 것입니다. 지구가 먼저 생명을 다하게 되면 태양에 떨어져서 파멸을 맞이하게 될 것입니다.

그러나 얼어붙든지 불타버리든지 간에 개인과 전 인류만이 아니라 세상의 마지막도 죽음입니다.

3) 종말에 대한 진화론의 공허함

이런 관점 속에서 진화론의 옹호자들에게 만물이 여기에서 존재하고 살아온 목적에 대해서 질문할 때, 그들은 아무것도 말할 것이 없으며 대답 없이 우리를 내버려 둘 뿐입니다.

폰 헬발트(Friedrich von Hellwald, 1842-1892)[41]는 종말의 때가 이르렀을 때, 죽음의 영원한 안식이 지구를 지배할 것이라고 말합니다.

지구는 대기와 생명체를 빼앗기고 달처럼 영원한 폐허가 되어 이전처럼 태양 주위를 돌겠지만, 인류는 문화적 존재이며 인류의 투쟁과 노력, 그 창작물과 이상은 남아 있을 것이라고 말입니다.

---

41 오스트리아의 저술가.

그리고 그는 "무슨 목적으로"라는 질문에는 아무런 응답 없이 『문화의 역사』(*History of Culture*)[42]를 맺습니다.

이것이 종말론인데 진화론의 교의학 속에 있는 마지막 일들에 대한 교리입니다. 누구도 그렇게 슬픈 전망으로 살 수 없다는 것은 명백합니다.

진화의 옹호자들은 종종 말합니다. 과학 내에서 질문하는 바는 "무엇이 위로를 가져오는가"가 아니라 "무엇이 진실이냐"라고 말입니다.

그리고 그들은 삶과 죽음 속에서 당신의 유일한 위로가 무엇인지를 말하는 『하이델베르크 교리문답』의 첫 번째 질문[43]을 조롱합니다.

그러나 결국 그들조차도 위로 없이는 인생을 영위할 수 없습니다. 그리고 한참 먼 미래에는 모든 것이 그들에게 죽음과 같이 그리고 어두운 것으로 나타날 것이기 때문에, 그들은 그런 일들이 일어나기까지 아직 수백만 년이 더 걸릴 것이라는 생각만 가지고 스스로를 위로합니다.

하가 교수는 자신의 연설에서 위의 내용을 언급하면서 이렇게 말합니다.

> 이 책들과 저술들은 실제적이지 않은데 여기에서 지구는 태양의 따뜻함을 모두 잃어버리는 것으로 묘사되고, 인류의 마지막 쌍은 차가운 포옹 속에서 죽어 가는 것으로 그려집니다.

---

[42] 이 책의 서지 사항은 다음과 같다. Friedrich von Hellwald, *Culturgeschichte in ihrer natürlichen Entwicklung bis zur Gegenwart* (Augsburg: Lampart & Co., 1875).

[43] 하이델베르크 교리문답의 제1문답은 다음과 같다. 『하이델벨크 요리문답』, 독립개신교회 교육위원회 역 (서울: 성약, 2011), 13: 1문: 살아서나 죽어서나 당신의 유일한 위로는 무엇입니까? 답: 살아서나 죽어서나 나는 나의 것이 아니요, 몸도 영혼도 나의 신실한 구주 예수 그리스도의 것입니다. 그리스도께서는 그의 보혈로 나의 모든 죗값을 완전히 치르고 나를 마귀의 모든 권세에서 해방하셨습니다. 또한, 하늘에 계신 나의 아버지의 뜻이 아니면 머리털 하나도 땅에 떨어지지 않도록 나를 보호하시며, 참으로 모든 것이 합력하여 나의 구원을 이루도록 하십니다. 그러므로 그의 성신으로 그분은 나에게 영생을 확신시켜 주시고, 이제부터는 마음을 다하여 즐거이 그리고 신속히 그를 위해 살도록 하십니다.

헨너 암 윈(Otto Henne am Rhyn, 1828-1914)[44]은 이렇게 말합니다.

> 모든 것이 한 번 존재했다가 아무도 우리를 그리고 우리의 노력과 노동을 주목하지 않을 것이라는 사실에 탄식하는 일은 실로 유치할 뿐입니다. 왜냐하면, 우리 앞에는 여전히 헤아릴 수 없는 날들이 있고, 우리 자손들 그리고 자손들의 자손들을 위해 무언가 실질적인 가치가 있는 것을 수립하는 일은 노력할 가치가 있기 때문입니다.

4) 헛된 낙관론을 그리는 진화론

가장 최근의 미래가 더 어둡고 더 애석해짐에 따라, 이에 비례하여 진화론자들은 머지않은 미래에 대한 더 높은 기대를 품습니다.

사람은 희망 없이 살 수 없습니다. 각 개인은 멸할지도 모릅니다. 수백만 년 이후에 인류는 타버리거나 아니면 꽁꽁 얼어버릴지도 모릅니다.

그러나 가까운 세기에 복되고 영광스러운 미래가 우리 모두를 기다립니다. 진화론의 선지자들에 따르면 과거의 낙원은 상상의 단편이었는데, 가까운 미래에 그것은 손에 잡히는 실제가 될 것입니다. 이 땅 너머에 있는 천국은 경건하지만 어리석은 꿈으로 치부되었더라도, 땅 위의 천국은 가까이 와 있습니다.

진화론은 이런 기대에 도움이 되도록 꾸며졌습니다.

보십시오. 인간이 얼마나 멀리까지 진보해 왔는지를 말입니다. 그는 동물이었는데 사람이 되었습니다.

그러면 그가 천사가 되면 안 되는 이유는 무엇일까요?

---

44 스위스의 저술가.

사람의 땅에 대한 지배권은 더욱 더 넓게 확장됩니다. 자연의 모든 힘은 사람에게 종속되고 있습니다. 창조의 수수께끼는 사람의 탐색적인 응시 앞에서 사라집니다. 삶은 사람의 발명과 발견에 의해 풍성하고 영광스러워집니다. 얼마 지나지 않아 낙원이 땅 위에 세워집니다. 안개로부터 날이 밝아 올 것입니다. 빛나는 색채들과 함께 이런 미래의 상태가 많은 진화론자에 의해 그려집니다.

헤켈은 그날이 오게 될 때 참되고, 선하고, 아름다운 예배가 보편적이게 될 것이고 옛 종교를 대체할 것이라고 말합니다. 현대인은 교회 건물을 더 이상 필요로 하지 않을 것입니다. 자유로운 자연 속에서 경계가 없는 우주 어디를 바라보든지 간에, 현대인은 자연 그 자체 속에서 자신의 교회를 발견할 것입니다.

노르다우(Max Simon Nordau, 1849-1923)[45]는 그날에는 인간성이 더 이상 추상적 개념이 아니라 실제가 될 것이라고 예언합니다.

미래의 순수한 공기와 선명한 햇빛을 받아 인류의 형제애 속에 살고, 참되고 지혜롭고 자유롭고 선하게 되도록 정해진 후대에 태어날 세대들은 행복할 것이라고 말입니다.

알라르 피얼손(Allard Pierson, 1831-1896)[46]은 그 미래에 더 높은 문명을 존중하는 남성은 여성을 자신의 자매로서 사랑할 것이고, 자아를 존중하는 여성은 남성을 자신의 형제로서 사랑할 것이며, 가장 고귀한 사람들은 실로 하나의 그리고 동일한 가족의 자녀들이 될 것이라고 선언합니다. 젊은 남성은 젊은 여성과 교류할 것이며, 아무것도 그들의 마음을 최고의 관심사에 대한 연구와 실천으로부터 돌리지 않을 것입니다. 그리고 순결함이 회복될 것입니다.

---

45 헝가리 태생의 시온주의 지도자이자 사회 평론가.
46 네덜란드의 신학자이자 역사학자.

이렇게 소위 엄격한 과학적 진화론의 옹호자들은 꿈을 꾸고 그림을 그립니다. 그들은 현 세대 내에서 그리스도의 나라를 찾는 그리스도인들 가운데 천년왕국 신봉자들보다 더 큰 환상에 스스로를 내던집니다.[47]

과학이 미래에 대해 무엇을 알 수 있을까요?
민족들이 획득한 고차원적인 문화가 위협적인 변혁 아래에 짓밟히지 않고 견딜 것이라는 확신을 누가 우리에게 줄까요?
바벨론과 앗수르, 이집트와 페르시아, 심지어 그리스와 로마의 문화는 어디에 있습니까?
우리 문명 전체를 전복과 파멸로 위협하는 사회 혁명의 흑색, 황색, 적색의 다양한 위험에 대해서 아무것도 들은 것이 없습니까?
지금 같은 시기에 가장 강한 자에게, 폭력의 승리에 그리고 "권력욕"(Wille zur Macht)의 영화로움에 도움을 주는 발전 위에 무엇을 세울 수 있을까요?

무정부주의는 더 이상 인내하기를 거부하고 공허한 약속이나 먼 미래에 더 이상 만족하지 않습니다. 불신 과학자들은 내세에서의 복된 삶의 약속을 가지고 소망 없는 사람들과 맞서는 것에 대하여 그리스도인들을 계속 비난해 왔습니다. 이제 그 불평은 그들 자신의 머리로 돌아오고, 그들 자신의 정신적 자녀들에 의해 그들의 발 앞에 던져집니다.
그들은 말합니다.

---

47 천년왕국설에 대한 바빙크의 견해는 다음을 참조하라. 헤르만 바빙크, 『개혁교의학 4』, 박태현 역 (서울: 부흥과개혁사, 2011), 776-790(564-565항).

지금으로부터 수천 년이 지나서 우리의 후손이 평화, 풍성함 그리고 기쁨을 맛보더라도, 그 사이에 우리와 우리 가족들은 굶주림과 궁핍으로 멸망해야 한다면 우리에게 무슨 유익이 있을까요?

정통주의자들은 천국에 대한 초안을 꺼내고, 자유주의자들은 안개 낀 미래에 대한 초안을 꺼냅니다. 양쪽 모두 동등하게 불확실합니다.

지금 살고, 먹고, 즐길 수단을 우리에게 제공하시오!

그리고 이런 것들이 기꺼이 주어지지 않는다면, 사람들은 석유와 다이너마이트, 혁명과 살육의 도움을 받아 폭력에 의해 그런 것들을 취할 것이라는 위협이 증가하고 있습니다. 많은 사람이 기대했던 황금 시대는 실로 아직 오지 않았습니다. 지평선에서 이 시대의 여명이 아직 보이지 않습니다.

파수꾼이여, 밤은 언제 지나가는 것입니까?

5) 현실적 비관론

미래에 대한 기대를 접어 두고 우울한 절망 속에서 비관론을 전파하는 그런 일들이 어느 때보다 더 증가하고 있음은 이상한 일이 아닙니다. 비관론을 전파하는 사람들은 더 나은 시대를 소망하는 것은 단순히 환상일 뿐이라고 말합니다.

사회주의적 평등은 어리석은 개념입니다. 수천 명의 생명과 행복의 희생으로 말미암아 아름다운 것에 탐닉하고, 부유하고 호화롭게 살고, 최고 권력자들의 권리를 이용할 권리는 단지 일부 소수에게만 주어집니다. 그들은 초인(超人, Übermenschen)들이며, 선택받은 자들이며, 유일하게 복 받은 자들이며, 지상의 신(神)들입니다.

그러나 사람은 짐승이 되었고 그렇게 남을 것입니다. 한 사람에게 들이닥친 것은 인류에게 들이닥칩니다. 인류는 유아기, 청년기 그리고 성숙기를 통과합니다. 그런 후에 인류는 노화되고, 힘을 잃고, 쉼과 정적, 죽음의 안식, 무덤의 침묵, 무(無)의 영원한 무덤덤함 이외에는 아무것도 바라지 않습니다. 도덕적으로 그리고 영적으로 완전한 파산이 현 세계관의 종착지입니다.

이는 하나님 없는, 그리고 그리스도가 없는 사람은 또한 세상에서 소망이 없는 사람이라는 바울의 중요한 논지를 확증합니다.

6) 그리스도인의 소망

우리 그리스도인들은 하나님께 감사드립니다. 다른 소망 그리고 더 나은 기초를 가진 소망을 가지고 있으니 말입니다. 우리는 더욱 영광스러운 것들을 말할 수 있습니다. 이는 하나님께서 자신의 말씀 속에서 그것들을 우리에게 계시하셨기 때문입니다.

성경은 놀라운 책입니다. 성경은 하나님의 형상을 따르는 사람의 창조, 죄와 사망 가운데서의 그의 끔찍한 타락을 이야기합니다. 그러나 즉시 성경은 하나님께서 무한한 은혜 가운데 자신의 백성들을 위해 만드신 구원을 역사서와 선지서, 시편과 잠언 속에서 어떻게 지시하고 있는지를 가리키면서 이어집니다.

마침내 성경은 우리를 구유로 인도한 다음, 십자가 아래로 우리를 데려다 놓습니다. 그리스도는 십자가에서 죽으셨고 우리 죄를 지시고 세상을 하나님과 화해시키셨습니다.

그리고 결국 성경은 새 하늘과 새 땅의 영광스러운 전망으로 우리를 이끕니다. 이곳에서 하나님은 자신의 백성들과 함께 거하실 것이고 만유 안에서 만유가 되실 것입니다.

이것이 성경에서 드러나는 진화론입니다. 그리고 이것이 성경에 따르는 역사의 과정입니다. 이것이 미래에 대한 성경의 기대입니다. 그리고 이것은 또한 하나님의 자녀들의 소망이자 희망입니다. 그들은 과학이 그들에게서 소망을 빼앗을 수 있다는 어떤 두려움 없이 이런 소망을 배양합니다.

과학은 미래에 이런 소망에 대해서 무엇을 알 수 있을까요?

과학이 그리스도인들의 소망을 대체하기 위해 추구함으로써 거는 기대들은 어리석을 뿐입니다.

현대 과학이 가르치는 대로 존재하는 모든 것의 파멸과 성경이 전하는 대로 하나님의 자녀들의 영광에 대한 소망 사이의 선택을 제외하고 실로 다른 선택지는 없습니다.

그리고 그 선택은 애매할 수 있을까요?

이러한 그리스도의 미래가 격렬한 위기와 분쟁에 의하지 않고는 성취될 수 없을 것이라는 점은 사실입니다. 예수님은 이 땅에 화평이 아니라 검을 주러, 그리고 사람이 그 아버지와, 딸이 그 어머니와, 며느리가 그 시어머니와 불화하게 하려고 오셨습니다. 자기 집안 식구가 자신의 원수가 될 것입니다.

그럼에도 불구하고 미래는 영광스럽고 소망은 분명합니다. 예수님께서 세우신 하나님 나라는 존재하고 그렇게 남으며, 결코 이 땅에서 물러나지 않을 것입니다. 하나님의 기초는 확실히 서 있고, 이런 인장을 가집니다. 즉, 주님께서 그들이 주님의 것이라는 것을 아신다는 점입니다.

지옥의 문은 주님의 교회를 압도하지 못할 것입니다. 가까운 미래는 아마도 세상과 사탄의 몫일지도 모릅니다. 그러나 후대의 미래는 분명히 그리스도께 속합니다. 만일 우리가 내재적인 자아 발전 외에 다른 지식이 없다면 우리는 이런 소망에 대한 기초를 가질 수 없을 것입니다.

하나님 나라는 이전에도 점진적인 상승의 줄기를 따라 오지 않았고 미래에도 그렇게 오지 않을 것입니다. 우리는 아래로부터가 아니라 위로부터 의와 생명, 복과 하나님의 영광을 기대합니다.

그러나 이 땅에 오신 그리스도는 또한 하늘 위로 올라가셔서 모든 일을 성취하실 분입니다. 그리고 그리스도는 높아지셨으니 하나님 아버지의 영광을 위해 언젠가 모든 무릎이 그리스도께 꿇게 되고 모든 입술이 그리스도를 주님이라 고백하게 될 것입니다.[48]

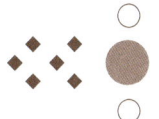

---

48 [빌 2:9-11] 참조.

제2장

전쟁에 대하여[1]

* 이 논고는 1914년 11월에 암스테르담자유대학의 조직신학 교수인 헤르만 바빙크가 처음으로 쓴 것입니다. 이 글의 상당 부분은 작성 당시의 특별한 정치적 문제를 다루고 있으므로 여기에서는 제외되었습니다. 그러나 전쟁 문제에 대한 성경의 관점에 대한 바빙크의 연구는 오늘날 기독교인들의 숙고에 여전히 도움을 줍니다.

기독교와 전쟁은 서로 직접적으로 대립된다는 평화주의자의 논거를 짧게 언급한 후에, 바빙크는 전쟁을 막지 못한 교회와 성직자들에 대한 비난을 독자들에게 상기시킵니다.

이어서 바빙크는 다음과 같이 말합니다.

---

[1] 한글 번역에 사용한 영문판의 서지 사항은 다음과 같다. Herman Bavinck, "The Problem of War", Translated by Stephen Voorwinde, *The Banner of Truth*(July-August 1977), 46-53. 역자는 본 영문판의 번역과 게재를 기꺼이 허락한 The Banner of Truth Trust에 깊은 감사를 표한다. 영문판은 다음의 네덜란드어 원문 중 일부를 제외하고 번역한 것이다. Herman Bavinck, "Het probleem van den oorlog", *Stemmen des Tijds* 4 (1914), 1-31. 바빙크의 본 논제와 관련하여 다음 논문을 또한 참조하라. 박재은, "'창조계로의 참여' 모티브에 근거한 헤르만 바빙크의 전쟁관", 「개혁논총」, 29(2014), 93-125.

1. 구약을 통해서 보는 기본 관점

확실히 다음과 같은 질문을 제기하고 답하는 노력은 가치 있습니다.

> 기독교 윤리는 전쟁에 대해 어떤 태도를 취할 것인가?
> 전쟁은 기독교적 세계관 및 인생관 속에 자리를 차지하고 있는가?
> 아니면 전쟁은 항상 어디서든 범죄로서 정죄되고 반대되어야 하는가?
> 전쟁은 '타당한' 것인가, 아니면 전쟁은 섬뜩한 불의, 폭력에만 의존하는 힘, 그리고 마귀의 활동에 지나지 않는가?

이 점을 조사함에 있어서 구약성경은 우리가 그리 오래 지체하지 않도록 합니다. 왜냐하면, 구약성경 속에서 전쟁은 하나님의 권리로서 우리에게 지속적으로 언급되고 있음을 아무도 부인할 수 없기 때문입니다. 시대를 통해 볼 때, 주전 14세기 또는 15세기 출애굽의 시대부터 주후 70년 예루살렘의 멸망 때까지 이스라엘은 주변 국가들과 분쟁에 참여했습니다. 이 분쟁은 종교적 및 윤리적으로 이방 신들에 대항하는 이스라엘의 하나님께서 촉발하신 전쟁으로 간주되었습니다.

야웨, 이스라엘의 하나님은 만군의 주이시며, 이스라엘 군대의 하나님이시며(삼상 17:45), 용사이시며(출 15:3), 전쟁에 능하신 분으로서(시 24:8) 자신의 백성들과 전쟁에 나가시며, 성령으로 사사들에게 입히시며(삿 3:10), 다윗에게 전쟁의 기술을 가르치시며, 힘으로 허리를 묶으시며, 자신의 대적들을 멸망에 처하게 하십니다(삼하 22:35 이하).

하나님은 때때로 징벌과 겸손을 위해 자신의 백성들이 멸망하는 것을 인준하는 것처럼, 또한 신적인 도움으로 전투에서 승리를 주십니다. 그러므로 시편 또는 찬송 중 많은 곳에서 그러한 도움이 언급되거나 승리에 대한 감사가 표현됩니다(출 15장; 삿 5:2; 삼하 22장; 시 3장; 27장; 46장; 68장 등).

이것은 전쟁에 대한 사람의 관점일 뿐만 아니라 또한 선지자들의 관점이기도 합니다. 아브라함은 소돔과 고모라의 폭력배들에 저항하여 전투에 참여했습니다(창 14장). 모세와 여호수아, 사사들과 왕들은 가나안 내부와 주위의 적들에 대항하여 이스라엘을 전투로 이끌었습니다. 드보라는 가나안 군대 장관 시스라에 대항하는 전투를 위해 동족인들을 부추깁니다(삿 4:6, 14). 사무엘은 블레셋에 대항하여 이스라엘 자손들을 소집합니다(삼상 7:5 이하). 무명의 선지자는 아람의 벤하닷에 대항하여 전쟁을 일으키도록 아합을 격려합니다(왕상 20:13 이하). 아모스로부터 후기 선지자들까지 끔찍한 전쟁이 크고 두려운 주님의 날에 앞서 있을 것이라고 반복적으로 선언합니다(암 5-7장; 사 13:6-18; 욜 3:9-17 등).

그러나 그 후 평화의 나라가 이스라엘과 땅의 모든 민족에게 올 것입니다. 그러면 그들은 칼을 쳐서 보습을 만들고 창을 쳐서 낫을 만들 것이며, 이 나라와 저 나라가 다시는 칼을 들고 서로 치지 아니하며, 전쟁을 연습하지 않을 것입니다. 평화는 부요하고 풍성하여 심지어 동물계와 자연도 평화에 참여할 것입니다. 이리는 양과 함께 누울 것이고 사자는 소처럼 풀을 먹을 것입니다(사 2:1-4; 9:2-7; 11:6-9 등).

이런 평화는 평화의 왕이신 메시아로부터 축적될 것이고(사 9:5; 미 5:5; 슥 6:13) 그분의 정의와 평화의 나라는 끝이 없을 것입니다(시 72:17; 사 9:6).

고대 이스라엘 백성은 신약 시대에 기독교공동체가 살았던 환경과는 완전히 다른 환경 속에서 살았습니다. 그러므로 이스라엘의 역사는 단순히 우리의 직접적인 원리나 본보기가 될 수 없습니다.

그런데도 구약성경은 전쟁이 모든 경우에서 그 자체로 불의하고 불법적인 것은 아니라는 관점을 전파합니다. 더욱이 하나님의 손 안에서 전쟁은 더 높은 목적을 향하여, 하나님 나라의 도래를 위해 도구로서 사용될 수 있습니다. 나아가 전쟁은 일시적이고 메시아의 도래 시에 전쟁은 즉시 영원한 평화의 나라를 위한 길을 만들 것입니다.

2. 신약을 통해서 보는 기본 관점

신약성경이 가닥을 잡는 것은 바로 이 점입니다. 왜냐하면, 이때에 예수님의 인격 속에 나타나신 분이 메시아시고, 메시아는 땅에 평화를 가져오시고(눅 2:14), 평화의 길로 우리의 발을 인도하시고(눅 1:79), 의와 평화와 즐거움이 있는 나라를 세우시기 때문입니다(눅 19:38; 롬 14:17).

물론, 이 평화는 우선적으로 본질상 종교적입니다. 객관적으로 그것은 그리스도께서 하나님과 사람 사이에 세우신 평화의 관계입니다(엡 2:17). 주관적으로 그것은 우리가 하나님과 화해되었고 어떤 죄책도 하나님과의 교제로부터 우리를 제거할 수 없을 것이라는 복된 지식 속에서 그 자체를 드러냅니다(롬 5:1). 이 평화는 평화의 하나님이신 성부에 의해 공동체에 수여됩니다(롬 1:7; 15:33). 그것은 평화의 복음이라고 불리는 복음의 내용을 구성합니다(행 10:36; 엡 6:15). 그리고 심지어 지금도 신자들은 성령의 열매로서 평화를 누립니다(갈 5:22).

그러나 이 종교적 평화는 또한 윤리적 결과를 가집니다. 왜냐하면, 그리스도는 자신의 희생에 의해 하나님과 사람 사이에서뿐만 아니라 또한 다양한 민족과 백성들 사이에도 화해와 평화를 가져오셨고(엡 2:14 이하) 그리하여 더 이상 헬라인이나 유대인, 야만인이나 스키티아인, 종이나 자유자, 남자나 여자로 나누이지 않고 모두 그리스도 예수 안에서 하나입니다(갈 3:28).

그래서 예수님은 심령이 가난하고 마음이 정결한 사람만 복된 것이 아니라, 평화적인 사람들 또는 평화를 만드는 사람들도 복되다고 선언합니다. 예수님은 이런 사람들이 하나님의 자녀라 불리게 될 것이라고 말씀하십니다(마 5:9). 산상수훈에서 예수님은 자신의 제자들에게 대적자들을 향하여 논쟁을 추구하지 말고 친절하게 대하도록, 악한 자를 반대하지 말고(마 5:39) 원수를 사랑하도록, 일흔 번씩 일곱 번까지 용서하도록 권고합니다. 같은 마음으로 사도들은 우리에게 평화를 추구하고 가능한 대로 모든 사람과 평화롭게 살라고 권고합니다(롬 12:18; 히 12:14).

신약성경의 윤리적 표준은 매우 높아서 실천적으로는 적용 불가한 것으로 보입니다. 이런 평화의 말과 전쟁의 섬뜩한 실제는 화해시키기 불가능하게 보이는 그런 예리한 대조 속에 서 있습니다. 그리스도는 악한 자를 반대하지 말고, 원수를 사랑하라고 우리에게 명하십니다.

그러나 전쟁 속에서는 정반대가 요구됩니다. 살인, 방화, 약탈, 파괴 그리고 원수의 붕괴와 몰락에 기여하는 모든 것이 그런 요구에 들어갑니다. 고대로부터 기독교회 내에서 이율배반이 감지되어 왔으며 그 문제를 해결하기 위한 다양한 시도가 이어져 왔습니다. 일부의 사람들은 사탄의 영역으로 세상을 떨쳐버렸고, 고립되거나 작은 그룹 내에서 예수님의 가르침을 근본적으로 적용하려고 했습니다.

다른 사람들은 이와는 반대로 예수님의 가르침을 적어도 공적인 삶 속에서는 전적으로 비실천적인 것으로 거부했고 그 가치를 완전히 부인했습니다. 또 다른 사람들은 고등 윤리와 저등 윤리, 조언과 명령, 성직자와 평신도 사이를 구분함으로써 절충했습니다(그러고 나서 바빙크는 타협하지 않는 평화주의를 지지하는 운동과 사람들 그리고 전쟁의 덕을 극찬하는 사람들의 역사적 실례들을 제시합니다. 전자로서 바빙크는 재세례주의자들, 퀘이커교도들 그리고 톨스토이를 제시합니다. 후자에 속하는 그룹으로는 헤겔, 스펜서 그리고 비스마르크를 포함시킵니다.)

그러나 이들 중 누구도 기독교와 조화될 수 없습니다. 평화의 옹호자는 실로 어떤 대가를 치르더라도 산상수훈 속에서 예수님의 발언에 호소하기를 좋아합니다. 그러나 그렇게 함으로써 그들은 또한 복음서 안에서 발견되는 다른 진리들을 잊어버립니다.

산상수훈은 기독교와 동등시될 수 없습니다. 그리고 전쟁의 문제는 단일한 본문에 호소함으로써 해결할 수 있을 정도로 그렇게 단순하지 않습니다. 그것은 오히려 훨씬 더 넓은 문제의 일부인데 전체적으로 본성적인 삶에, 죄악 된 세상 전체에 그리고 그것이 포함하는 모든 것에 미치는 기독교의 관계성을 다룹니다.

이 점에서 즉시 말할 수 있는 것은 이런 것입니다. 비록 소극적인 도덕성이 신약성경의 선두에 있지만, 적극적이고 긍정적인 요소도 결코 모자라지 않습니다. 기독교에 추천되는 덕목들, 즉 끈기, 인내, 절제, 온유, 순종심은 모두 큰 역할을 합니다.

예수님의 제자들이 소수였을 때, 세상의 기준으로 보면 작고 공공의 삶에 어떤 영향도 없었을 때, 달리 무엇을 기대할 수 있었을까요?

그러나 더 놀라운 것은 기독교는 금욕주의를 전혀 주장하지 않고 시초부터 대체적으로 세상과 긍정적인 관계를 취했다는 점입니다. 이 사실은 하나님이 세상을 사랑하셨고 그리스도께서 세상을 파괴하기 위해서가 아니라, 세상을 구원하기 위해 오셨다는 언급에서 주로 발견됩니다. 이 중요한 점으로부터 기독교인들이 점유해야 할 장소와 그들이 이 죄악 된 세상 속에서 가져야 할 태도를 가리키기 위한 모든 방향성 속에서 윤곽이 그려집니다. 기독교인들은 세상으로부터 물러나지 않아야 할 뿐 아니라, 오히려 세상 속에 존재하면서 사악한 것들로부터 자신을 지켜야 합니다.

아무것도 그 자체로 더럽지 않습니다. 하나님의 모든 피조물은 선하고 감사함으로 받으면 아무것도 거부되지 않아야 합니다. 결혼은 모든 것 가운데 고결한 것입니다. 정부는 하나님의 종이며 순종하고 경의를 표할 만합니다. 그리스도인이 된 사람이라면 그가 받은 부르심 속에 남아 있어야 합니다. 예수님의 제자들이 드린 기도는 하나님의 이름이 거룩하게 여김 받고, 하나님의 나라가 오고, 하나님의 뜻이 하늘에서와 같이 땅에서도 이루어지는 것입니다. 이 모든 점은 회피를 위한 것이 아니라 세상의 성화를 위한 것입니다.

이런 연결 속에서 통상 얘기하는 직업 군인을 신약성경이 결코 반대하지 않는다는 점은 의미심장합니다. 세례 요한에게 온 군인들은 돈을 갈취하지 말라는 등의 명령을 받았지만 직무에서 떠나라는 명령을 받지는 않았습니다(눅 3:14). 예수님은 가버나움에서 백부장의 큰 믿음에 놀라움을 표현하셨고 그의 종을 고쳐주셨습니다(마 8:5 이하). 후에 백부장 고넬료와 그의 전 가족은 세례받았고 교회에 입회되었습니다.

전쟁에 대한 어떤 양심의 가책도 없이 예수님은 자신의 비유들 중 하나 가운데 전쟁에 나가기 전에 앉아서 일만 명을 거느리고서 이만 명을 가진 적과 맞설 수 있을지를 헤아리는 임금에 대해서 말씀하십니다(눅 14:31). 비슷하게 바울은 기독교인의 삶을 묘사하기 위해 군사적인 이미지를 기꺼이 사용합니다(롬 6:13; 고전 9:7; 엡 6:10-18; 딤후 2:3 등).

더 놀라운 것은 신자들의 싸움을 위한 무기는 육신적인 것이 아니라 하나님 앞에서의 능력이기 때문에, 예수님께서 자신의 방어를 위해 칼을 사용하는 것을 명백하게 금한다는 사실입니다(마 26:52; 고후 10:4).

그러나 예수님은 자신이 세상에 화평이 아니라 칼을 주기 위해, 즉 사람들 사이에 심지어 한 가족 구성원들 사이에 불화를 일으키기 위해 오셨다고 단언하심에 있어서 확고하십니다(마 10:34-35). 그러므로 제자들이 곧 세상 속으로 들어가 복음을 전하려 할 때 그들은 세상으로부터 박해와 혐오를 예상해야 합니다. 그러면 지갑과 가방만이 아니라, 칼도 필요할 것입니다. 다시 말해, 그들은 세상을 대항하여 영적인 전쟁 속에 들어가기 위해 완전히 준비되어야 합니다(눅 22:36).

이러한 그리스도의 말씀은 번영과 평화보다 훨씬 더 큰 가치를 가진 영적인 소유가 있음을 분명히 함축합니다. 도덕법에 대한 명령은 모두 동일한 수준에 있지 않고 오히려 각기 다른 등급을 차지합니다.

하나님은 사람 앞에 오십니다. 하나님을 향한 사랑은 크고 가장 우선되는 계명입니다(마 22:38). 우리는 사람이 아니라 하나님께 순종해야 합니다

(행 5:29). 그러므로 하나님의 나라와 그분의 의는 모든 것 위에 추구되어야 합니다(마 6:33). 왜냐하면, 하늘 나라는 보물이고 값진 진주이기 때문입니다(마 13:44-46). 그러므로 사람은 온 세상보다(마 16:26), 영혼은 몸보다, 생명은 음식보다, 몸이 의복보다 더 가치 있습니다(마 6:25). 이런 영적이고 물질적인 소유는 상호 배타적일 필요는 없습니다. 그것들은 함께 소유되고 향유될 수 있습니다. 그러나 현 세상 안에서 그것들은 계속해서 서로 충돌하고 부딪칠 수 있습니다. 그러므로 우리는 어떤 것을 선택해야 하는 입장에 서 있습니다.

그리스도와 사도들의 가르침은 우리가 지체하지 않고 더 중요한 것을 보존하고 취하기 위해서 덜 중요한 것을 버려야 한다고 가르칩니다. 그리스도와 복음을 위해 오른눈은 뽑혀야 하고 오른손은 잘려야 합니다(마 5:29-30). 아버지와 어머니, 아들과 딸을 버려둬야 하고, 생명을 버리고 십자가를 져야 합니다(마 10:37-39; 16:24-26 등).

기독교 도덕성은 절대적인 자기 부인을 포함합니다. 생명, 번영 그리고 평화는 최고의 소유가 아닙니다. 가장 사랑하는 것들을 포기하고, 버려두고, 반대해야 하는 경우가 있습니다. 순교자들은 이에 대한 본보기를 우리에게 남겨 주었습니다. 심지어 그리스도께서도 자신을 기쁘게 하지 않으셨고, 오히려 자신 앞에 있는 기쁨을 위해 수치를 무릅쓰고 십자가를 참으셨습니다(롬 15:3; 히 12:2).

3. 기독교적 사랑을 통해서 보는 관점

동일한 사상이 다른 관점으로 설명될 수 있습니다. 도덕법에 대한 우리의 반응은 사랑입니다. 사랑은 율법의 성취이며, 일치를 위한 완전한 띠입니다(롬 13:10; 골 3:14). 이 정의에 의해 기독교적 사랑은 본질적으로 한편으로는 불교의 긍휼과 구별되고 그리고 다른 한편으로는 이른바 자유로운 사랑과 구별됩니다.

불교 사상에 따르면 모든 비참의 원인은 존재 안에 있습니다. 그러므로 모든 피조물, 특별히 살아 있는 피조물은 통탄스럽고 측은한 대상입니다. 우리는 우리의 해탈을 달성하고 우리 안에 있는 생존에의 갈망을 죽이려고 주로 우리 자신을 위해 그런 동정심을 발휘해야 합니다.

쇼펜하우어(Arthur Schopenhauer, 1788-1860)는 부당하게 이 동정심을 기독교적 사랑과 동일시했습니다. 이것은 부당한데, 왜냐하면, 기독교적 사랑은 보다 풍성하고 더 높은 경지에 서 있기 때문입니다. 기독교의 자비는 동정심보다 더 깊이 들어갑니다. 기독교의 자비는 단일하고 지배적인 덕이 아니라, 오히려 세상 속에서 결핍되고 비참한 사람들에 대한 관점을 가진 채 특정한 방향에 있는 사랑의 기질이자 표현입니다.

사랑은 한층 더 거슬러 올라갑니다. 사랑은 한층 더 나아갑니다. 우선 사랑은 하나님과 그분의 모든 덕목을 대상으로 가집니다. 더욱이 사랑은 하나님의 모든 사역과 피조물을 향하여 사랑 그 자체를 지시합니다. 그것들이 통탄스럽기 때문이 아니라 그것들이 살고 움직이고 존재하는 일이 하나님 안에 있기 때문입니다.

마찬가지로, 기독교적 사랑은 기본적으로 요즘 흔히 칭송되는 자유분방한 사랑과는 다릅니다. 이런 자유분방한 사랑은 실제로 훈련의 결핍이자 감정과 열정의 해방에 지나지 않습니다. 기독교적 사랑은 오히려 율법의 충족인데, 율법은 하나님의 뜻에 의해 작정되고 양심에 의해 사람을 묶는 사람의 의무입니다.

기독교적 사랑은 제멋대로도 아니고 개인적인 선택의 문제도 아닙니다. 사랑은 우리가 누구를 혹은 무엇을 사랑해야 하는지를 결정하기 위해 우리 안에 있는 것이 아닙니다. 우리는 다른 남자 또는 여자가 아니라 하나님이 우리에게 주신 남자, 여자, 부모 그리고 자녀들을 사랑해야 합니다.

우리는 참되고, 의롭고 순수한 모든 것을 사랑해야 합니다. 우리는 죄를 미워하고 죄를 피해야 합니다. 죄가 그 자체를 얼마나 아름다운 것으로 제시하든지 관계없이 말입니다.

참된 사랑만이 아니라 또한 거짓되고, 비현실적이고 위조된 사랑도 있습니다. 마찬가지로 우리가 모든 사람과 유지하기를 힘쓰고 추구해야 하는 선한 평화가 있지만 또한 우리가 깨트려야 할 거짓되고 악한 평화도 있습니다. 만일 우리가 양보에 의해 그리고 평화를 위해 거짓과 불의를 가지고 조약을 맺거나 잘못된 것을 조용히 허용한다면, 우리는 기개 없음을 보이며 진리와 덕을 거부하는 것입니다. 그런 잘못된 평화(렘 6:14 참조)에 계속적으로 저항하여, 예수님은 땅에 불을 던지러 오셨다고 주장하셨습니다(눅 12:49).

세상에는 우리가 결코 평화롭게 살 수 없게 하는 힘이 있습니다. 진리와 권리, 영적인 소유와 보이지 않는 보물들이 있는데 우리는 이를 위해 기꺼이 모든 것을 희생해야 합니다. 평화, 고요, 지위와 명성, 심지어 우리 가족과 우리 자신의 생명에 대한 사랑까지도 말입니다.

이 측량할 수 없는 세상 속에서 상황은 매우 심각하고 복잡해서, 사랑 그 자체까지도 우리가 평화를 깨고 전쟁에 참여하도록 몰아넣을 수 있습니다. 예레미야와 같은 선지자들은 침묵을 유지하고 평화와 정적 속에서 세월을 보내고자 했습니다. 그러나 그들은 그렇게 할 수 없었고, 그렇게 하도록 허용되지도 않았습니다. 그들은 믿었기 때문에 말했고, 조국을 사랑했으므로 조국에 대항하여 투쟁했습니다. 하나님과 사람에 대한 자신의 큰 사랑에 의해 예수님 자신은 모든 악한 힘, 심지어 죽음에 저항하기까지 나아갔습니다.

물론, 이 도덕성은 우선적으로 개별 사람들에게 해당되지만 또한 세상 권력에 대해서도 의미를 가집니다. 한 나라는 분명 무작위적인 땅의 일부에 사람들이 모아 놓은 영혼들의 집단이 아니라 오히려 오래된 과거 속에 뿌리를 지닌 채 뼈마디 속에 살아 있는 애국심을 가지고 활발하게 움직이는 살아 있는 유기체입니다.

어떤 사람들은 이 사랑의 조합을 기후, 토양, 역사, 문화 등의 인자들로 쪼개고 우스꽝스럽게 제시하는 일에서 즐거움을 누립니다. 그러나 피상적인 시도는 자기 정죄이고 이런 사랑의 실제에 직면하여 완전히 무기력합니다.

사랑은 심지어 어떤 나라에 대한 사랑이라 할지라도 신비한 성격을 가집니다. 사랑은 깊은 곳에서 나타나서 숨겨진 샘에 의해 양육됩니다. 얼마간 사랑은 주춤하고 잠들지 몰라도, 저항할 수 없는 힘을 가지고 다시 깨어 일어나 심지어 가장 냉철한 세계인도 사랑을 따라 감복됩니다. 그리하여 사랑은 그 자체를 매우 열정적이고, 고상하고, 사심 없는 것으로 드러내어 사람으로 하여금 가장 필요한 희생을 치를 준비가 되도록 하고 그렇게 할 능력을 갖추게 합니다.

이 점은 지극히 높으신 하나님께서 사람의 아들들을 분리시키셨을 때, 그들의 유업으로 나라들을 주셨고 사람들의 경계를 정하신 사실을 가리킵니다(신 32:8). 하나님은 "그들의 연대를 정하시며 거주의 경계를 한정하셨고"(행 17:26), 인류 역사에서 각 나라에 장소와 임무를 주셨습니다. 이 점에서 보자면 한 나라의 크고 작음은 본질적인 차이를 만들지 못합니다.

로이드 조지(David Lloyd George, 1863-1945)[2]와 제임스 브라이스(James Bryce, 1838-1922)[3]는 비교적 작은 나라들이 더 큰 나라들만큼이나 많은, 가장 고상한 문화적 특성들의 증가에 기여해 왔다는 점을 우리에게 정당하게 상기시켜 왔습니다.

---

2 영국의 정치가.
3 1907-1913년까지 주미 영국 대사를 지낸 영국의 정치가.

그러므로 이런 특징들을 수호하기 위해 필요하다면 손에 칼을 드는 것은 무작위적인 문제가 아니라, 오히려 한 사람의 소명이자 의무입니다.

4. 더 높은 원리에 따른 전쟁의 정당성

산상수훈에서, 다시 말해 마태복음 5장 38-42절에서 우리가 잘 기억할 수 있도록 예수님은 제자들을 용서의 정신으로 부르신 것이 사실입니다. 이런 용서의 정신은 보복의 요구에 직접적으로 반대 위치에 서고, 어떤 양적 계산에도 영향을 받지 않습니다(마 18:22 참조).

여기서 예수님은 깨닫는 사람들에게 말씀하고 계시며, 문자적으로 준수되어야 할 법칙을 제정하는 것이 아님도 동일하게 분명합니다. 예수님은 삶의 환경에 맞게 다른 적용을 필요로 하는 하나의 영적인 원리를 언급하는 것일 뿐입니다. 예수님 자신이 이런 식으로 행하셨고(요 18:22-23), 동일한 용서의 정신을 설교한 바울은(롬 12:17-21; 살전 5:15; 벧전 3:9 참조) 자신이 가진 로마 시민의 권리에 호소합니다(행 22:25).

개인적인 모욕은 용서받을 수 있고 용서되어야 합니다. 그러나 진리 또는 공의가 사람의 인격 속에서 공격당했을 때는 하나님의 나라와 그분의 의를 최우선시하는 기독교의 원리에 따라 방어하고 증거를 제시하는 것이 사람의 의무입니다. 이 의무는 심지어 자기 부인이라는 기독교의 덕목에도 포함되어 있습니다.

자기 부인이 그리스도와 복음을 위해 우리가 모든 것을 버려야 한다고 요구할 때, 동시에 이는 비록 부수적인 것이라 할지라도 우리가 버려야 하는 모든 것은 그 자체적으로 가치를 가지고 있음을 전제합니다. 아무런 가치가 없고 비용이 들지 않는 것은 자기 부인을 요구하지 않습니다.

예를 들어, 생명은 더 높은 관심사와 충돌하지 않으면 보호될 수 있고 보호되어야 할 소유입니다. 필요한 경우에는 손에 무기를 들고 모든 사람이 자신의 생명을 보호할 권리와 의무를 가집니다. 어떤 집에 침입하는 사람은 폭력에 저항받을 수 있습니다. 마찬가지로 공의를 유지하도록 부름을 받은 당국은 헛되게 칼을 지니지 않습니다. 심지어 전쟁의 칼이라도 말입니다. 필요하다면, 위급한 경우에 그들은 국내와 해외에서 칼을 사용해야 합니다. 진리와 공의는 대체적으로 사람에 대하여, 국가에 대하여 그리고 인류에 대하여 생명, 평화, 번영 그리고 고요함보다 더 가치 있습니다.

그러므로 모든 기독교회가 모든 분열 속에서도 군인과 전쟁을 결코 정죄하지 않았다는 것은 주목할 만합니다. 교회 자체는 물론, 평화의 복음을 전하는 것과 영적인 무기를 가지고 싸우는 것을 넘어서 결코 나아가지 않습니다. 진리의 전파를 위한 '거룩한 전쟁'은 그리스도께서 베드로에게 말씀하신 것에 따라 교회에 금지되었습니다.

그러나 교회는 필요한 경우에 전쟁을 일으킬 당국의 권리를 결코 반박하지 않았습니다. 이 점에 대해 평화주의자들은 교회를 불쾌하게 생각했지만, 교회가 국정에 관여할 자유를 얻었고, 더 이상의 고민 없이 이 세대 안에서 전쟁의 존재 이유를 부인했다면 그들은 아마도 교회를 더 강력하게 비난했을 것입니다. 교회는 그렇게 할 수 없고, 그렇게 해서도 안 됩니다. 그리스도의 말씀에 따라 하나님의 것을 하나님께 드리고 또한 가이사의 것은 가이사에게 제공하는 것이 교회의 부르심입니다.

그러므로 기독교 윤리는 선하고 정당한 전쟁이 있을 수 있다는 것 외의 다른 결론을 허용하지 않습니다. 아마도 그런 전쟁은 숫자적으로 적고 심지어 우리가 생각하는 것보다 훨씬 더 적을지도 모릅니다. 모든 전쟁에는 심지어 가장 정당한 전쟁에서도 기독교와 인류가 매우 강하게 정죄하는 많은 일이 일어납니다.

그러나 성경도, 역사도 모든 전쟁을 무조건적으로 질책하기 위한 충분한 근거를 제공하지 않습니다. 전쟁은 더 높은 원리에 부합하고 정의의 유지에 봉사하며 절실하게 필요한 경우에 수행될 때만 선하고 정당할 수 있습니다. 그러므로 전쟁의 정당성은 힘의 권리에 있지도 않고, 전쟁이 낳을 수 있는 애국주의, 영웅주의, 인내, 확고함, 연합, 희생을 치를 준비 등과 같은 덕목에도 있지 않습니다.

확장된 관점, 문화의 팽창 또는 심지어 기독교의 확산과 같은 성공에 의해 일어날 수 있는 결과에는 더욱 전쟁의 정당화를 둘 수 없습니다. 무엇보다도 모든 존재하는 것은 합리적이며 전쟁은 인류의 발전에 꼭 필요하고 귀중한 순간을 구성한다는 철학적 확신에는 전쟁의 정당화를 결코 둘 수 없습니다.

만일 전쟁이 옹호되어야 한다면 전쟁 그 자체가 정의의 엄격한 시험을 통과해야 합니다. 그런데도 하나님의 손 안에서 인류의 교화를 위해 사용되는 자연적 악(malum physicum)⁴으로 남아 있다는 점에서, 전쟁은 삶의 재앙과 역경을 닮았습니다.

그러므로 전쟁의 목표와 목적은 평화, 하나님 나라의 영원한 평화로 남아 있습니다.

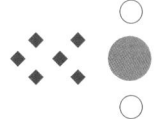

---

4 라틴어 '*malum physicum*'은 문자적으로는 '물리적 악', 의미상으로는 '자연적 악'을 가리킨다.

제3장

종교개혁에 대하여[1]

1. 종교개혁의 출발점[2]

본인에게 할당된 이 주제[3]를 다루는 것은 '시의적절'하다. 왜냐하면, 현대 로마가톨릭주의자들이 종교개혁 이전 사람들의 행복한 도덕적, 사회적

---

[1] 번역에 사용한 원문의 서지 사항은 다음과 같다. Herman Bavinck, "The Influence of the Protestant Reformation on the Intellectual State and Progress of Communities and Nations", ed. G. D. Mathews, *Proceedings of the fifth General Council Toronto 1892, Alliance of the Reformed Churches holding the Presbyterian System* (Toronto: Hart & Riddell, 1892), 48-55. 이 논문은 1892년에 토론토에서 열린 '장로교체제개혁교회연맹 제5차 총회 의사록'에 게재된 것이다.

바빙크는 1892년 9월 22일 목요일 오후에 쿡교회(Cooke's Church)에서 이 논문을 발표했다. 에글린턴은 이 연설문을 확장하여 발표한 자료를 다음과 같이 소개한다. "1894년 바빙크는 아메리카 신학 저널이었던 「장로교파와 개혁파 리뷰」(*Presbyterian and Reformed Review*)에 토론토에서 1892년에 했던 연설, 즉 네덜란드와 국제 무대에서의 칼빈주의의 미래적 전망에 대해 구체적으로 집중했던 연설에 대한 더 확장적인 생각들을 실었다." 제임스 에글린턴, 『바빙크』, 박재은 역 (군포: 다함, 2023), 416. 에글린턴이 말하는 자료의 서지 사항은 다음과 같다. Herman Bavinck, "The Future of Calvinism", Translated by Geerhardus Vos, *The Presbyterian and Reformed Review*, 5 (1894): 1-24. 이 논문은 다음과 같이 한글로 처음 소개되었다. 헤르만 바빙크, "칼빈주의의 미래에 대하여", 『바빙크 시대의 신학과 교회』, 이스데반 편역 (서울: 기독교문서선교회, 2023), 64-109.

[2] 원문 의사록에는 지면상의 이유로 논문 전체를 게재할 수 없어서 전반부, 즉 "1. 종교개혁의 출발점"은 요약 게재한 것임을 밝히고 있다. 소제목들은 역자가 붙인 것임.

[3] 이 주제는 우리말로 직역하면 이러하다. "지역 사회 및 국가의 지적 상태와 진보에 미친 개신교 종교개혁의 영향"

상황을 칭송하고 종교개혁 운동이 야기한 모든 엄청난 전복(顚覆)을 개탄하기 때문입니다.

또한, 이 연설의 주제는 '중요하고 어렵다.' 왜냐하면, 종교개혁의 영향을 받은 나라는 다수이며 넓게 분포되어 있기 때문입니다. 삼백 년이라는 긴 시간 동안, 이 나라들은 감각적으로 파악될 수도 없고 시민 사회나 교회의 통계에 의해 헤아릴 수도 없는 큰 영향 아래에 살았습니다.

이 연설의 주제는 종교개혁이 종교적-윤리적 운동이었으며 그런 영향을 미칠 수 있는 것으로 상정합니다. 종교개혁은 홀로 서지 않았습니다. 종교개혁은 르네상스의 일부로서, 사람보다는 하나님과의 교제를 선호했습니다. 종교개혁자들이 추구했던 것은 하나님과 인간 영혼 사이의 화평, 하나님의 말씀에 따라 하나님께 예배하는 자유, 깊은 영적 갈망에 대한 만족, 로마가톨릭교회가 결코 만족시킬 수 없는 그런 것들이었습니다.

이른바 로마가톨릭 체계의 폐습(弊習)에 반대하면서, 종교개혁자들은 이러한 "폐습"이 로마가톨릭교회를 성장시킨 펠라기우스주의라는 나무의 자연적인 열매임을 발견했습니다. 종교개혁자들은 이에 저항하면서 종교와 도덕에 대한 완전히 새로운 개념을 정돈했습니다. 그러므로 종교개혁은 마음 아래로부터, 죄책의 깊은 감각으로부터 그리고 영혼의 방황으로부터 탄생했습니다.

종교개혁은 사람이 하나님으로 떨어져 나온 죄인이라는 전제 위에서 나아갔습니다. 그래서 종교개혁은 출발점부터 인본주의에 반대했습니다. 종교개혁은 오래된, 즉 기독교적인 죄와 은혜, 죄책과 화해라는 대조 속에서 움직였습니다.

로마가톨릭에 저항하여 "어떻게 죄 사함과 하나님과의 화평을 얻을 수 있는가"라는 질문에 대한 답을 추구했던 것입니다.

그러므로 종교개혁은 종교적-윤리적 인식을 변화시키고 정화시켰습니다. 그리하여 사람들을 들어 올려 로마가톨릭이 사람을 배치한 곳보다 무한히 더 높은 자리에 위치시켰습니다. 그리고 로마가톨릭의 주된 힘을 구성하는 성례 체계와 외적 도덕성을 영원히 제쳐 두었습니다. 종교개혁 아래에서는 모든 윤리적 삶이 종교에서, 믿음에서 비롯되고 윤리적 삶 그 자체는 주님을 섬기는 것 외의 다른 무엇이 아닙니다. 신성한 것과 신성하지 않은 것의 대립은 붕괴하고, 거룩한 것과 거룩하지 않은 것에 대한 대립에 길을 열어 줍니다. 자연적인 것은 그 가치를 인정받으며 그리스도안에 있는 믿음에 의해 성별됩니다.

종교개혁은 나라들 가운데 기독교의 정황을 변화시켰습니다. 종교개혁은 기독교를 개인적인 문제로 만들었고 양심의 자유를 고취했습니다. 비록 이 점으로부터 개신교에 분화가 일어났지만 말입니다.

그러나 양심의 자유를 고취한 점에서 로마가톨릭은 개신교보다 우월하지 않습니다. 루터파와 개혁파가 분할된 것은 그리스정교회와 로마가톨릭교회의 존재 속에서 닮은꼴을 가집니다. 로마가톨릭교회는 내부적으로 분할되어 무수한 부분으로 나뉘었고, 로마의 중앙 권력의 권위에 의해 단결했습니다. 반면, 개신교는 분할되었지만 하나의 보편적 기독교 믿음을 자유롭게 고수함으로써 하나의 몸으로 남습니다. 로마가톨릭의 체계는 미신을 추구하도록 육성했고 여전히 그렇습니다. 그러나 종교개혁은 이런 모든 미신으로부터 사람들을 자유롭게 해 줍니다. 로마가톨릭은 외적인 것을 추구하지만, 종교개혁은 영혼에 영향을 미치는 것을 추구합니다.

2. 칼빈주의 종교개혁의 특징

1) 루터파의 한계

도덕적으로도 국가에 미치는 종교개혁의 영향은 그 특징에 있어서 감소하지 않고 있습니다. 그러나 이 점에서 루터파 종교개혁은 칼빈주의 종교개혁에 미치지 못한다는 점을 인정해야 합니다. 이 점에 있어서 몇 가지 이유가 있습니다.

독일 종교개혁은 비록 처음에는 스위스에서처럼 아우구스티누스주의적이었고 급진적이었지만, 초기에 보수주의로 둔화되었습니다. 루터는 농민봉기와 재세례파의 급진주의에 놀라는 바람에 종교적 삶의 영역에 자신의 개혁 원리들의 사역을 제한시켰고, 나머지 사안들은 가능한 많이 그대로 남겨 두었습니다.

특별히 슈파이어 회의[4] 이후, 루터는 각 군주들에게 지상의 모든 삶의 안정화를 맡겨 두었는데, 이들은 원리적으로나 고상한 동기에 있어서나 종교개혁에 호의적이지 않았습니다. 루터가 불경한 영향으로부터 윤리적인 삶을 해방시킨 것은 사실입니다. 그러나 루터는 기독교적 원리의 관점에서 볼 때 윤리적 삶을 전적으로 개혁할 힘도, 성향도 없었습니다.

루터파 종교개혁은 단지 '종교'의 개혁, '내적 인간의 변화'였을 뿐입니다. 루터는 교회적인 것들로부터 세속적인 것을 자유롭게 했습니다. 그러

---

4 루터파의 성장세에 대처하기 위해 신성로마제국의 황제 카를 5세가 소집했던 두 번의 의회 또는 회합 가운데서 두 번째 회의. 이 두 번째 회의가 유명해진 것은 루터를 따르는 이들의 자유가 제국법에 의해 제한받는 것을 원하지 않았던 몇몇 제후가 이 회의에서 항의를 제기했기 때문이다. 이 항의(protest)를 통해 '프로테스탄트'(Protestant)라는 용어가 생겨났으며, 이후 이 용어는 루터파뿐 아니라 유럽 전역의 다양한 종교개혁 운동에 적용되었다. 네이션 P. 펠드머드, 이재근, 『교회사 용어 사전』, 송동민 역 (서울: IVP, 2022), 83.

나 루터는 더 나아가 이원론적인 방식으로 세속적인 것을 영적인 것과 나란히 두는 것을 허용합니다. 그리고 때때로 루터는 외적인 것들을 대수롭지 않은 사안인 것처럼 그리고 도덕적 갱신에 무능한 것처럼 말합니다.

그리스도께서 영혼의 왕이실 뿐만 아니라 또한 육체의 왕이시고, 교회의 왕이실 뿐만 아니라 인간의 모든 삶에 속한 전(全) 영역의 왕이시라는 크고 풍성한 사상을 붙들지 않습니다. 이것이 '심지어 왜 오늘날의 루터파도 세상으로부터 그들 자신을 그다지 구분하지 않는가'에 대한 설명입니다.

루터파의 일상생활은 무언가 장대한 것, 즉 "세상에 순응하기"가 다스리는데, 이는 기독교인의 삶을 심각한 위험에 빠뜨리고 진지한 불평을 위한 기회를 거의 제공하지 않습니다. '아디아포라'(adiaphora)[5]의 영역은 매우 넓고, 거의 전체 삶을 포함합니다. 춤, 극장, 공연 등은 신자든 불신자든 즐기는 것입니다. 루터파 국가들 중에서 안식일 준수는 로마가톨릭 국가들에서와 별반 다르지 않습니다. 직접적인 방식으로, 루터파 종교개혁은 단지 종교적 삶과 순수한 교리 내에서만 인식됩니다.

루터주의의 이런 고정적이고 보수적인 경향성으로부터 경건주의[6]가 또한 기원했습니다. 말하자면, 경건주의는 단지 경건에만 가치를 부여하고 나머지, 즉 과학, 정부, 사회 등은 그냥 세상에 남겨 두는 경향성입니다.

---

5   구원(salvation)의 문제에서 비본질적인 신앙 조목들, 루터교에서 '아디아포라'는 성경에서 정죄하지도, 금지하지도 않는 교회의 실천 사항들로 정의되었다. 오늘날의 어법에서, '아디아포라'는 구원에 영향을 주지 않으며, 또한 하나님 앞에서 깨끗한 양심과 더불어 그리스도인들이 자유롭게 실천하거나 믿을 수 있지만 성경에 의해 분명하게 다뤄지지 않는 것들을 가리킨다. 다음을 보라. 스탠리 J. 그렌츠 외 2인, 『신학 용어 사전』, 76.
6   경건주의에 대한 총체적인 개관은 다음을 참조하라. 헤르만 바빙크, 『개혁파 윤리학 1』, 박문재 역 (서울: 부흥과개혁사, 2021), 433-455.

2) 우주적이고 보편적인 칼빈주의

종교개혁의 종교적-윤리적 영향은 루터파 중에서가 아니라 칼빈주의 국가들에서 가장 강력하고 순수하게 관찰됩니다. 스위스 종교개혁은 급진적이고 전체적이었습니다. 원리적으로 스위스 종교개혁은 깊이를 추구했고, 따라서 실천적인 영역은 더 넓었습니다.

루터파는 역사 속에서, 유형의 실제 속에서 유리한 지점을 취했고 그 지점에서 안식했습니다. 루터파는 더 높이 올라가지 않았고 더 깊이 관통하지 않았습니다. 루터파는 이신칭의에, 다시 말해서 마음의 종교와 순수한 교리에 완전히 만족했습니다.

그러나 칼빈주의는 일시적인 것들 속에서 그리고 그 뒤에서 영원한 것을 발견할 때까지 만족하지 않습니다. 칼빈주의의 표어는 "일시적인 것은 영원한 것들을 바라본다"(*caducum eterna tuetur*)였습니다. 칼빈주의자는 영원하고 불변하는 하나님 안에서 안식하지 않는 한, 마음속에서 자신의 생각을 위한 쉼을 발견하지 못했습니다. 칼빈주의자는 성전의 거룩한 곳의 가장 거룩한 곳까지, 사물의 마지막 토대까지 침투해 들어가며, 사물에 대한 질문과 기원을 찾는 일에 멈춤이 없습니다. 하나님의 승인 안에 있는 영원하고 주권적인 즐거움 속에서 답변을 찾을 때까지 말입니다.

칼빈주의는 세계와 인류에 대한 유일하게 일관된 신학적 관점입니다. 그러므로 명백히 칼빈주의는 특별하지만 실제적으로는 가장 우주적이고 보편적입니다. 칼빈주의가 점유하는 높고 영적이며 신학적인 관점으로부터 칼빈주의자는 전 세상을 검토합니다. 칼빈주의자는 모든 것을 영원의 유형 아래에서, 즉 광활하게, 넓게, 멀리 바라봅니다. 칼빈주의자의 체계 속에서는 모든 것이 어떤 피조물이 아니라 오직 전능하신 하나님께 의존합니다. 하나님의 은혜와 자비에는 한계가 없는데, 이는 헤아릴 수 없고 경배받을 만한 선한 즐거움 속에서 하나님 자신이 확립하신 것입니다.

성부의 사랑, 성자의 은혜 그리고 성령의 교통은 그 자체 이외에 피조물의 어떤 자질 내에서는 제한이나 조건이 없습니다. 나라나 백성도, 오류나 죄도, 성별이나 나이도 삼위일체의 은택을 속박하지 않습니다.

> 만물이 주에게서 나오고 주로 말미암고 주에게로 돌아감이라 (롬 11:36).

3) 하나님의 주권을 높이는 칼빈주의

칼빈주의는 종교적 삶에 독특한 성격을 제공했습니다. 칼빈주의자들 가운데 종교적 삶은 로마가톨릭주의자들과 다를 뿐만 아니라, 루터파와도 다릅니다. 교리 속에서만 아니라 종교적 삶 속에 있는 차이점은 개혁파 진영 속에서 드러나는 대로 하나님의 주권이 선두에 서는 것입니다.

많은 현대 진영에서처럼 성부의 사랑이 아닙니다. 모라비안파[7] 중에서처럼 그리스도의 인격도 아닙니다. 재세례파[8]와 형제단[9]에서처럼 성령의 내적 증언도 아닙니다. 오히려 구원의 전체 사역에서 그리고 종교적 삶의 전(全) 영역을 통하여 하나님의 주권이 출발점이며 지배적인 사상입니다. 이 주권은 신성 속에 있는 하나님이며 경배받으실 삼위일체의 세 위격 각

---

[7] 15세기경에 생겨난 체코 그리스도인들의 후손으로 17세기에 형성된 공동체. 다음을 참조하라. 네이선 P. 펠드머드, 이재근, 『교회사 용어 사전』, 51.

[8] 16세기에 일어난 운동으로, 재세례파라는 명칭은 그 운동을 반대하는 사람들에 의해 불린 것이다. 이 운동의 추종자들은 세례에는 반드시 신앙이 수반되어야 하기에 유아세례는 잘못이라고 주장했다. 다음을 참조하라. 후스토 루이 곤잘레스, 『신학 용어 사전』, 정원래 외 2인 역 (서울: 그리심, 2014), 21. 재세례파에 대한 간단한 요약은 다음을 참조하라. 스티븐 니콜스, 『세상을 바꾼 종교개혁 이야기』, 이용중 역 (서울: 부흥과개혁사, 2009), 93-112.

[9] 14세기에 히얼트 흐로터(Geert Groote)가 위트레흐트에 설립한 공동체. 이 공동체의 의도는 기독교적 영성과 그리스도를 향한 헌신을 증진하는 데 있었다. 다음을 참조하라. 네이선 P. 펠드머드, 이재근, 『교회사 용어 사전』, 10. 또한, 다음을 참조하라. http://www.kosinnews.com/news/articleView.html?idxno=7127

각의 사역 내에 있는 통일성입니다.

칼빈주의는 하나님의 공의와 율법에 대한 엄격한 설교에 의해 사람 속에서 죄책과 무가치성의 깊은 감각을 일깨우고, 하나님의 주권의 위엄 앞에서 사람을 티끌 속 깊은 곳으로 굴복시킨다는 것이 진실일 수 있습니다. 그러나 그 후 칼빈주의는 복됨의 유례없는 높이로 그를 상승시켜서, 성부의 자유롭고 영원하고 불변하는 선한 즐거움 속에서 안식하도록 한다는 것도 사실입니다.

이 체계는 분명히 "부드럽고 사랑스러운" 사람들을 만드는 일에 적합하지 않고 모든 병적인 감상주의에 반대합니다. 오히려 칼빈주의는 강철 같은 성격을 가진, 철 같은 의지를 가진, 무적의 힘을 가진, 탁월한 활기를 가진 대리석 같은 사람들을 창조합니다.

비스마르크(Otto Eduard Leopold Fürst von Bismarck-Schönhausen, 1815-1898)의 "우리 독일인은 신을 두려워하고 세상 그 무엇도 두려워하지 않는다"(Wir, Deutsche, fürchten Gott und sonst nichts in der Welt)라는 말은 칼빈주의자들의 심장으로부터도 나옵니다.

하나님에 의해 선택된 칼빈주의자는 그 자신 안에서 그리고 모든 피조물 안에서 하나님의 손 안에 있는 도구를 인식할 뿐입니다. 칼빈주의자는 창조주와 피조물 사이를 예리하게 구분합니다. 그리고 자신의 종교 내에서 그는 하나님과 그분의 말씀만을 알 것입니다. 칼빈주의자는 경건을 성경에 가장 근접하게 연결하고, 신약에 못지않게 구약에도 연결합니다. 왜냐하면, 이스라엘의 인도 안에서 그리고 옛 언약의 경륜 안에서, 하나님의 주권은 신약에서 보다 구약에서 더 크게 소리내기 때문입니다. 따라서, 성경에 대한 연구는 개혁파 진영 내에서 큰 부분을 차지합니다.

칼빈주의는 여성답기보다는 남성답고, 감정적이기보다는 정신적이기 때문에, 주로 가르침에 의해 다른 사람들 속에서 종교적 삶을 개발하려고 애씁니다. 칼빈주의는 예리하게 정의된 교의들을 소유하고, 그 영향의 광범위한 공유, 그 개념의 명료함에 이르는 진전, 삶과 세계의 전체 관점의 온건함과 건강함에 책임을 집니다.

4) 칼빈주의의 도덕적 영향

종교적인 문제들보다도 루터파와 칼빈주의 사이의 차이점은 국가의 '도덕적' 상황에 미치는 영향 속에서 뚜렷합니다. 많은 나라 가운데 칼빈주의 종교개혁이 또한 너무 일찍 고착화되고 보수적이 되었다는 점을 인식해야 합니다. 예를 들어, 네덜란드 내에서 개혁파의 활동은 도르트 총회 이후 거의 완전히 중단되었습니다. 그러고 나서 다른 권력들이 기회를 잡았습니다. 관료들은 교회를 묶고 그 영향을 분쇄했습니다.

철학은 경주에서 신학을 능가했습니다. 문학과 예술은 비개혁파적 경로 속에서 나아갔습니다. 부와 사치는 단순한 칼빈주의 영성을 질식시켰습니다. 그리하여 네덜란드는 종교개혁의 요구와 그다지 조화를 이루지 못하는, 특정한 종교적 그리고 도덕적 상황을 지닙니다.

그러나 이 모든 점에도 불구하고 칼빈주의는 국가들의 도덕적 상황에 강력한 영향을 발휘해 왔습니다. 프랑스 종교개혁자의 강력한 정신 속에서 중생은 로마가톨릭주의자들처럼 창조를 완성하는 체계가 아니었고, 루터파처럼 창조를 그대로 놔두는 종교적 개혁도 아니었습니다. 재세례파처럼 전적으로 새로운 창조는 더욱 아니었습니다. 오히려 모든 피조물의 개혁과 갱신이었습니다.

칼빈은 루터보다 넓게, 츠빙글리보다 깊게 죄의 역할을 추적했습니다. 그러나 바로 이 점 때문에 은혜에 있어서 칼빈보다 루터는 더 협소하고, 츠빙글리는 더 빈약합니다. 그러므로 칼빈주의자는 하나님과 개인적으로 화해하고 자신의 구원을 확신하게 될 때 만족하지 않습니다. 그때 그의 일은 진지하게 시작되고, 그는 하나님과 동역자가 됩니다. 왜냐하면, 하나님의 말씀은 단지 구원을 주는 진리의 기초만이 아니라, 전체 삶의 규범이며, 영혼을 위한 구원의 기쁜 소식이고 몸과 전체 세상을 위한 기쁜 소식이기 때문입니다.

그러므로 개혁파 신자는 자신과 더불어 그리고 자신의 마음속에서 시작된 개혁이 "외부를 향하여"(ad extra) 나아가도록 전진합니다. 자기 영혼의 회심은 목표와 목적이 아닙니다. 오히려 자신의 새로운 삶의 시작이며 출발점입니다.

개혁파 신자는 활동적이고 진취적입니다. 그리고 모든 잘못된 보수주의를 미워합니다. 가정과 학교, 교회와 교회 통치, 정부와 사회, 예술과 과학, 모든 것이 하나님의 영광을 위해 그가 일해야 하고 발전시켜야 하는 자리입니다.

그래서 스위스 종교개혁은 종교적인 성격뿐만 아니라 또한 윤리적, 사회적, 정치적 성격도 지녔습니다.

5) 루터파와 재세례파 사이에 위치한 칼빈주의

칼빈주의 종교개혁에 의해 육성된 도덕적 삶은 재세례파의 "도피" 그리고 루터파의 "우주론"[10]과는 구별됩니다. 재세례파와 퀘이커파는 세상을 피합니다. 그들은 불신자들과의 모든 접촉을 끊고 그들 자신의 영적인 친족들의 좁은 영역 안에 움츠립니다. 그들의 옷은 가능한 단순하고, 삶은 착실하고, 그들은 예술이나 과학을 신장하지 않고 삶의 즐거움에 참여하지 않습니다. 여기에 완전한 분리와 이원론이 있고, 때로는 우스꽝스러운 지경까지 이릅니다.

---

10 간단히 말해, 물질계가 하나님과 별개로 존재한다는 개념. 그러므로 세상과의 혼합에 거리낌이 없게 됨.

반대로 루터파는 불신자들과의 제한받지 않는 교제를 유지합니다. 그들은 세속적인 즐거움에 가담합니다. 그리고 여기에 세상과 교회의 명백한 혼합이 있습니다. 일상생활에서 신자들과 불신자들 사이의 구별은 거의 완전히 사라집니다.

이제, 칼빈주의는 이 '둘 사이에' 자리를 차지합니다. 그리고 교회와 세상 사이의 구별을 추구하지만 완전한 분리는 아닙니다. 칼빈주의는 교회와 세상 사이의 완전한 분리가 로마가톨릭의 금욕주의 그리고 수도원주의로 되돌아가게 할 것임을 예견했습니다.

금욕주의와 수도원주의는 바울의 말과 상반되게(고전 5:10),[11] 신자들이 세상 밖으로 나가도록 강요하게 될 것입니다. 그리고 부자연스러운 것만을 촉진하게 될 것이고, 결국 모든 죄의 양상 가운데 스스로에게 되갚아 주게 될 것입니다.

그러나 다른 한편, 칼빈주의는 도덕적인 삶을 칼빈주의 자체나 개인적인 경향 그리고 사회적 변덕에 남겨 두지 않았습니다. 죄에 대한 칼빈주의의 개념은 이 점에 있어서 매우 깊었습니다. 칼빈주의자는 모든 악의 양상에 기울어진 사람에게 그다지 신뢰를 두지 않습니다. 칼빈주의는 감정의 놀이와 죄악스러운 정욕과 격정 속으로 매우 쉽게 타락해 들어가는 흥분의 촉발을 두려워했습니다. 칼빈주의는 세상의 유혹에 의해 육욕이 얼마나 쉽게 발흥(發興)하고 질주하게 되는지를 알았습니다.

그러므로 칼빈주의자는 전체 도덕적인 삶을 율법의 규율 아래에 그리고 하나님의 계명의 법칙 아래에 두었습니다.

---

11 [고전 5:10] 이 말은 이 세상의 음행하는 자들이나 탐하는 자들이나 속여 빼앗는 자들이나 우상 숭배하는 자들을 도무지 사귀지 말라 하는 것이 아니니 만일 그리하려면 너희가 세상 밖으로 나가야 할 것이라.

6) 칼빈주의의 엄격한 도덕성

　도덕적인 삶은 모든 개혁파 진영에서 엄격한 법적 성격을 드러냅니다. 도덕적인 삶은 항상 다소간 청교도적 특징을 가집니다. 청교도적 특징은 안식일 준수의 엄격함에 의해 모든 세속적인 즐거움에 대한 반대에 의해, 전체 삶의 진지한 개념에 의해 특징지어집니다. 연주회와 극장, 노래와 춤추는 파티, 연회와 술판은 금지된 세상의 즐거움입니다.

　비록 세상과의 접촉이 회피될 필요는 없다 하더라도, 금욕주의적 또는 재세례파적 방식 안에서 칼빈주의는 결코 축제에서, 결혼에서, 향락에서 불신자들과 진정한 삶의 교제를 촉진하지 않았습니다. 오히려 칼빈주의는 그런 교제를 막았고, 찬성하지 않았습니다. 칼빈 시대의 제네바, 스코틀랜드, 미국, 네덜란드 내에서 장로교회의 법규들은 이 점을 충분히 증명합니다.

　청교도주의는 때때로 호감을 줄 수 없는 감정의 딱딱함, 마음의 차가움 그리고 판단의 가혹함을 길러 왔습니다. 도덕적인 삶 속에서 자유롭고, 온화하고, 자발적인 사람들은 종종 청교도주의에 의해 억압받고 죽임을 당했습니다. 청교도주의는 본질적으로 낭만적이기보다는 전형적이고, 삶 전체에 있어서 응대하고 순응해야 하는 규범과 모형을 가지고 있습니다.

　그러나 가장 엄격한 유형 속에서도 칼빈주의가 로마가톨릭의 금욕주의와 재세례파의 "회피"와는 원리적으로 다르다는 점을 잊지 않아야 합니다. 이런 것들은 세상의 경시에, 저차원적인 것으로서 본성적인 삶은 성화될 수 없다는 사상에 기원을 둡니다.

　칼빈주의적 엄격주의는 전체 삶을 하나님께 성별하려는 열망에서 나온 것이었습니다. 로마가톨릭은 본성적인 인간에 굴레를 씌우려고 하지만 칼빈주의는 거룩하게 하려고 합니다. 그리하여 만일 칼빈주의가 거룩한 삶에 있어서 과장하는 죄를 범했다면 그리고 종종 본성적인 것들과 절연하고 그것을 죽였다면, 죄의 힘과 그것의 광범위한 지배를 인식하는 모든 사람은 올바로 행하기에 그리고 세상에 순응하거나 세상으로부터 도망가기를 피하기에, 세상을 경배하거나 경멸하기를 피하기에 어려움을 느낄 것입니다.

3. 칼빈주의 종교개혁의 열매

칼빈주의의 엄격한 도덕성은 일련의 아름다운 덕목을 육성했습니다. 예를 들어, 가정생활, 질서, 깨끗함, 절제, 정숙, 순종, 성실, 근면, 의무감 등이 있습니다. 이런 것들은 화려하고 영웅적인 덕목에 속하지 않을지도 모릅니다. 그런 것들은 특별히 시민적인 덕목들이고 사람들에게 측량할 수 없는 가치가 있습니다.

칼빈주의적 국가들은 도덕적 소유의 자산을 비축해 두었는데, 이 위에 현 세대들이 여전히 살아가고 있습니다. 이런 엄격한 도덕성에 의해 칼빈주의는 통상적인 국내의 안목을 촉진하고, 견고한 '중산층'을 생성했을 뿐만 아니라, 나라들을 갱신시키고 정부들을 세웠습니다.

본성으로부터 은혜의 영역으로 사람의 자아 탁월성을 전달하기 때문에 항상 다소간 '귀족적'이고 '위계적'인 펠라기우스주의와 구별하여 칼빈주의는 특징상 '서민적'이고 그 힘을 일반 시민들 가운데서 찾습니다.

칼빈주의는 교회 안에서 위계질서나 정부 내에서 독재를 묵인하지 않습니다. 칼빈주의는 자유의 원리이며 공화주의적[12] 면모를 가집니다. 칼빈주의는 강력하게 활동적이면서 대부분 자유에 기반을 둔 나라들 중에서 가장 큰 성공을 거두었습니다. 칼빈주의는 스위스, 네덜란드, 잉글랜드 그리

---

12 공공선과 개인의 자유를 실현하려는 정신.

고 미국에서 시민들의 권리와 자유를 보호하고, 확장하고, 유지했습니다.

사람들의 특징과 종교의 본질이 여기에서 합의했고 제휴했습니다. 이것이 왜 칼빈주의가 루터파보다 훨씬 더 멀리까지 자신을 확장시켰는지에 대한 이유입니다.

칼빈주의는 세상을 두루 관통하며 행진해 나아갔습니다. 칼빈주의는 선교적 힘입니다. 칼빈주의 안에서 온 세상을 정복하기 위한 추진력이 살아 숨쉽니다. '구세군'만 아니라 '감리교주의'[13]는 여기에서 자신들의 칼빈주의적 기원을 저버립니다.

칼빈주의가 힘이 된 모든 나라는 탁월한 활동, 사상의 명료함, 종교적 영성, 자유에 대한 사랑에 의해 그리고 시민적 덕목의 보화에 의해 그들 자신을 구별시킵니다. 이런 덕목들은 로마가톨릭 국가들 중에는 그런 정도의 수준으로 발견되지는 않습니다. 스코틀랜드와 아일랜드 사이, 프로이센과 호주 사이, 네덜란드와 스페인 사이, 북미와 남미 사이의 비교는 항상 개신교 국가들을 지지하는 결과를 낳을 것입니다.

종교개혁 이후 지나온 세기 동안에 유럽의 게르만 북부 및 미국의 보다 진지한 개신교는 의심할 것 없이 거의 전 영역에서 양 대륙의 변덕스런 로마가톨릭 및 남부 라틴계와의 경쟁 속으로 들어갔습니다.

그러므로 종교개혁은 하나님께서 국가와 인류의 종교-윤리적 교육을 촉진하도록 사용하신 수단들 가운데 중요한 자리를 점유하기 위해 계속됩니다.

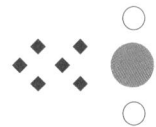

---

13 감리교주의에 대한 바빙크의 요약은 다음을 참조하라. 헤르만 바빙크, 『개혁파 윤리학 1』, 467.

제4장

네덜란드의 정신적, 종교적, 사회적 힘에 대하여[1]

1. 서론

다른 나라에서처럼 네덜란드에서도 종교개혁이 사람들 사이에서 교회와 신앙고백의 일치 그리고 세상과 삶의 관점에 대한 일치를 파괴했습니다. 오랫동안 준비된 새로운 사상들이 풍성한 수확의 땅, 이곳 네덜란드에서 발견되었습니다.

네덜란드에서는 "복음주의자들"(약 1518-1531)과 그 후 재세례교도들(약 1531-1560)이 처음으로 종교개혁자들의 구심점을 형성한 이후에 칼빈의 영향이 감지되었습니다.

칼빈주의의 영향력은 중요했는데, 왜냐하면, 이 영향력은 역사를 분기점으로 이끌었기 때문입니다. 실로 교회만 아니라 국가 내에서도 칼빈주의는 단지 수동적인 감수(甘受)와 무방비의 순교에 만족하지 않고, 오히려 기구를 세우고 행동했습니다. 칼빈주의는 교회 회의체의 연합, 귀족층의

---

1 번역에 사용된 원고는 다음과 같다. Herman Bavinck, *A General View of the Netherlands No. XVII. Mental, Religious and Social Forces in the Netherlands* (The Hague: The Netherlands Ministry of Agriculture, Industry and Commerce, 1915). 네덜란드 정부에서 기획한 네덜란드의 개관을 위한 주제별 소책자 시리즈 중 17번째 도서로서 바빙크 박사가 저술한 것임.

동맹, 신조 작성, 예전 수립, 총회 개최 그리고 야외 설교를 이끌었습니다.

80년 전쟁[2]은 1568년 5월 23일에 헤일리헐레이(Heiligerlee) 전투[3]에서 시작되었는데, 처음에는 적어도 종교적인 전쟁으로 개혁파 신앙고백에 따른 종교를 위한 투쟁이었습니다. 이 투쟁의 결과로서 칼빈주의는 다른 어느 곳에서보다 네덜란드에서 독특한 시민과 국가를 만들어 냈습니다.

개혁파 신앙고백은 민족의 종교였는데, 그들의 삶 전체에 침투하여 적어도 한 세기 동안 국가와 사회 내에서 큰 원동력으로 남았습니다. 물론, 이는 국가와 교회가 밀접한 관계를 형성하도록 이끌었습니다. 말하자면, 국가와 교회는 같은 날 태어났고, 수 세기 동안 연합되어 있었습니다.

개혁파 교회는 네덜란드 공화국의 심장이었고, 네덜란드 공화국은 믿음을 위한 투쟁으로부터 태어났습니다. 개혁파 기독교는 일찍이 1583년에 네덜란드 북부 전 지역에서 유일하게 합법적인 종교로 인정되었지만, 개인은 조건부로 신앙을 가질 권리를 받았습니다. 이 권리가 공식적으로 확정된 것은 1651년 대회(Great Convention)를 통해서였는데, 이것이 네덜란드의 모든 국민이 종교개혁에 가담했다는 의미는 결코 아닙니다.

반대로, 대략의 추산에 따르면 1587년에는 단지 국민의 십 분의 일이 개혁파 신자였습니다. 그리고 여기에 해당하는 사람들은 주로 평민에 속했습니다. 심지어 1572년 4월부터 1576년 11월까지 4년 동안 홀란트(Holland)와 제일란트(Zeelland) 주에 있는 인구의 십 분의 일에 의해 스페인에 저항하는 전쟁이 수행되었습니다.

---

2   80년 전쟁은(1567년 3월 13일-1648년 10월 24일)은 네덜란드 저지대 지방의 네덜란드 17주가 스페인(합스부르크 군주국)에 대항하여 벌인 독립 전쟁을 말한다. 네덜란드 독립 전쟁으로 불리기도 한다. 전쟁의 시작과 함께 네덜란드는 네덜란드공화국을 수립하여 스페인으로부터 사실상 독립하였으며, 1648년 베스트팔렌 조약을 통해 국제 사회로부터도 독립을 인정받게 되었다.

3   헤일리헐레이 전투는 네덜란드 독립군과 프리슬란트(Friesland)의 스페인 군대 사이에 벌어졌다. 이 전투는 80년 전쟁 중 네덜란드에 첫 승리를 안겨 주었다.

그러나 이 보잘것없는 수의 사람들은 믿음을 통해 강한 힘을 가졌습니다. 이들은 스스로 원하는 바가 무엇인지 알았고, 양심이 부과하는 것을 원했으며, 박해 아래서 성장했습니다.

이런 작은 규모의 개혁파 신자들 외에 네덜란드 공화국은 전적으로 다른 신념을 간직한 많은 시민을 처음부터 두었습니다. 우선, 로마가톨릭교회에 많은 사람이 충직하게 남았고, 이들은 특별히 17세기에 쾰른의 교황 대리 시스바우트 펄미얼(Sisbout Vermeer)의 리더십 아래에서 스스로 새롭게 조직을 갖추기 시작했습니다. 더욱이, 종교에 관심을 별로 기울이지 않는 자유주의자들과 엄격한 개혁파 신앙에 자신을 맞출 수 없었던 관용주의자들도 존재했습니다.

16세기 소수의 루터파 회중이 처음에는 보얼던(Woerden)에서 서로 독립적으로 조직되었다가 1614년에 하나의 연합체를 이루었습니다. 더 나아가, 뮌스터의 참사 이후 정적(靜寂) 가운데 힘을 추구하는 재세례파가 있었는데, 이들은 메노 시몬스(Menno Simons, 1492-1559)에 의해 분산에서 벗어나 함께 모였고 나중에 크게 번성했습니다.

16세기 말과 17세기에 포르투갈과 독일로부터 온 유대인들이 더해졌는데, 그들은 특별히 암스테르담에서 피난처를 찾았고 거기에서 광범위하게 다른 두 개의 공동체를 형성했습니다. 그리고 17세기와 18세기에는 브라운파(Brownists),[4] 항론파(Remonstrants),[5] 라바디파(Labadists),[6] '라인즈벌흐협

---

4 브라운파는 잉글랜드 비국교도 또는 잉글랜드국교회의 초기 분리주의자들의 그룹이었다. 지도자 로버트 브라운(Robert Brown, 1550s-1630)의 이름을 따라 브라운파라 불린다.
5 네덜란드 개신교 내부에 있었던 아르미니우스의 추종자들. 이 명칭은 1610년 그들이 국회에 제출한 '항론서'(Remonstransce)에서 유래했다. 켈리 M. 캐픽, 웨슬리 벤더 럭트, 『개혁신학 용어 사전』, 송동민 역 (고양: 도서출판 100, 2018), 141.
6 라바디스트 (Labadists)는 프랑스 경건주의자 장 드 라바디(Jean de Labadie, 1610-1674)가 창시한 17세기 개신교 신비주의 계열의 종교공동체 운동이다.

회'(Rynsburgsche Collegianten),[7] 헤른후터파(Hernhutters)[8]와 같은 비국교도들의 수가 괄목할 만하게 증가했습니다.

다른 나라들, 특별히 잉글랜드에서처럼 네덜란드 안에서도 종교와 교회 영역 사이의 차이에 대한 인정이 꾸준한 진보를 이루었습니다. 다른 나라들과 비교해서 국가교회에 반대하는 모든 세력은 네덜란드공화국 내에서 상당한 정도의 자유를 누렸습니다.

그러나 그들은 실로 시민의 완전한 권리를 얻지 못했고, 공적 직무를 맡을 수 없었으며, 공적인 종교적 예배를 거행할 수 없었습니다. 또한, 강력한 칙령이 특별히 로마가톨릭에 대항해서 포고되었습니다. 오라녜 대공(大公, Willem III van Oranje, 오라녜의 빌럼 3세)이 바랐던 만큼의 종교적 자유를 누리기 위한 시간이 아직 무르익지 않았던 것입니다.

그럼에도 불구하고 양심의 자유가 모두에게 보장되었습니다. 엄한 심문을 위한 취조는 없었습니다. 칙령이 엄격하게 강요된 경우는 드물었습니다. 당국의 묵인하에 예배는 종종 개개인의 가정에서 열렸습니다. 그 시기 다른 나라들의 경우와 비교할 때, 네덜란드 내에서 국가교회에 반대하는 사람들의 상황을 꽤 견딜 만한 것으로 볼 수 있습니다. 네덜란드는 자유의 땅이라고 불렸습니다. 핍박받고 억압받는 사람들은 네덜란드에서 피난처를 발견했으며, 출판은 다른 나라에서보다 자유로웠습니다.

이런 관용의 동기는 항상 예측 가능하지는 않았습니다. 정치적, 상업적, 경제적 이익이 이 문제에서 큰 부분을 차지했습니다. 그러나 이런 관용은 여전히 존재했고 시대의 변화와 함께 성장했습니다. 법적으로는 모든 것이 옛날처럼 남아 있었지만, 점차 다른 정신이 일깨워졌습니다. 이성이 믿

---

7   1619년 네덜란드의 알미니우스파와 재세례파 사이에서 설립된 협회.
8   18세기 보헤미아에 살던 모라비안들에 기원을 두고 진젠도르프(Nikolaus Ludwig von Zinzendorf, 1700-1760)에 의해 헤른후터에서 촉진된 18세기 경건주의 운동의 가담자들을 말한다.

음으로부터 해방되기 시작했습니다. 자연과학, 법학, 철학이 독립적으로 발전했습니다. 새로운 사상이 신학적 차이점을 눈에 보이지 않는 곳으로 밀어 넣었습니다. 신조 안에서 의미상의 차이점들과 교회 간의 차이점들은 근본적인 일치와 교제를 위한 갈망을 낳았습니다.

관용의 시대는 1740년에서 1770년까지 진행된 이런 사상적 절차들과 융합되었습니다. 그리고 궁극적으로 잉글랜드, 독일, 프랑스로부터 네덜란드에 강하게 밀고 들어와 열정적으로 환영받은 이신론적(理神論的)[9] 및 신복원신학적(新復原神學的)[10] 사상을 위한 길을 준비했습니다.

이런 원리들은 1795년의 프랑스 대혁명을 통하여 행동으로 전환되었습니다. 그러나 이 원리들이 가져온 실망 때문에 이 원리들은 검증받았고, 수정되었고, 자체적인 결과들과 과도함으로부터 보호되었습니다. 그리하여 19세기 초에 좌우 양극단을 피하면서 힘을 추구하는 세계관이 생겨났습니다. 사람들은 한편으로 자기 자신을 16세기 종교개혁의 힘이 되었던 명백한 신조들을 훨씬 뛰어넘는 것으로 간주했고, 다른 한편으로 모든 특별계시를 부인했으며 심지어 때때로 기독교를 과거의 것으로 간주한 프랑스와 독일의 신복원신학에 전혀 만족하지 못했습니다.

새로운 이상주의적 철학은 네덜란드에서 호의를 발견하지 못했습니다. 비평주의는 C. 판 헤멀트(C. van Hemert, 1756-1825), J. 킨컬(Johannes Kinker, 1764-1845) 그리고 슐라이어마허(Friedrich Schleiermacher, 1768-1834)와 같은 몇몇 개인에게만 수용되었는데, 이들은 수년 동안 전적으로 알려지지 않은 채 남아 있었습니다.

---

9   이신론자들에게는 신적 계시가 기록된 성경도, 하나님이자 사람인 구세주도, 기도를 듣고 응답하는 인격적인 하나님도 존재하지 않는다. 물론, 일반적인 방식으로 신을 알 수는 있지만, 이는 오직 그가 지은 세계의 구조를 통해서만 가능하다. 네이선 P. 펠드머드, 이재근, 『교회사 용어 사전』, 송동민 역 (서울: IVP, 2022), 125.
10 신복원신학과 관련하여 다음을 참조하라. 헤르만 바빙크, 『바빙크 시대의 신학과 교회』, 173 이하(부록 2 신복원신학에 대하여).

사람들은 판 더 비인펠서(Dionysius van de Wijnpersse, 1724-1808), 펄폰쉬얼 (Willem de Perponcher Sedlnitzky, 1741-1819) 그리고 판 하멀스펠트(Ysbrand van Hamelsveld, 1743-1812)의 절충주의적 상식 철학에 만족하면서 살았으며, 또한 리인피스 페이트(Rhynvis Feith, 1754-1824)의 감상적 시 속에서 그리고 판 덜 팔엄(Johannes Hendricus van der Palm, 1763-1840)의 세련되고 냉랭한 산문 속에서 문학적 즐거움을 발견했습니다.

네덜란드의 독특성과 힘은 합리주의[11]적이지는 않지만, 여전히 합리적[12]으로 남기를 원했던 계몽 신학의 온건한 유형 속에 놓여 있었습니다. 이런 신학은 합리적인 기초 위에 가벼운 초자연적 구조를 세웠는데, 여러 사람 중에서 클라리쎄(Johann Clarisse, 1770-1846), 키스트(Nicolaas Christiaan Kist, 1793-1859), 문팅허(Herman Muntinghe, 1752-1824), 판 헹얼(Wessel Albertus van Hengel, 1779-1871), 헤링아(Elizaśzoon Heringa, 1765-1840), 로이알츠(Herman Royaards, 1753-1825) 그리고 핀커(Henricus Egbertus Vinke, 1794-1862) 같은 사람들이 탁월한 방식으로 이를 드러내 보였습니다.

2. 차별화의 시대

이런 일치는 오래 지속되지 못했습니다. 달콤한 평온은, 곧 종교, 교회 그리고 국가의 영역 내에 차이점과 분쟁을 위한 길을 만들었습니다. 프랑

---

11 이성이 진리에 이르는 최고의 길이라는 확신, 또는 심지어는 유일한 길이라는 확신. 철학에서 합리론은 종종 경험론과 대비되는 인식 이론이다. 경험론은 진리를 습득함에 있어 감각 경험의 역할을 강조한다. 이러한 맥락에서 이성은 감각 및 기억과 구별되는 기능이라는 좁은 의미로 이해된다. C. 스티븐 에반스, 『철학·변증학 용어 사전』, 137.

12 이성에 부합되는 믿음이나 행동의 특징. 어떤 사람이 거짓 믿음을 주장하더라도, 믿을 만한 좋은 이유를 가지고 있거나 믿음을 형성함에 있어 어떤 의무도 위반하지 않는 한, 그 믿음을 주장함에 있어 합리적일 수 있다. C. 스티븐 에반스, 『철학·변증학 용어 사전』, 138.

스의 멍에로부터 풀려남과 함께 오라녜 가문의 복귀 그리고 회복된 독립은 국가적, 종교적 그리고 고백적 의식을 일깨웠습니다. 러페이(Reveil)[13]라고 불리는 부흥이 네덜란드의 개신교회뿐만 아니라 가톨릭교회에서도 일어났습니다. 19세기는 크게 보면 차별화의 시대였는데, 이는 동일 모델을 따라서 모든 것을 주조하려는 시도로부터 나온 반응이었습니다.

이 점에서 세 가지를 주목할 만합니다.

1) 정부와 교회의 관계

1795년 3월 4일에 자유, 평등, 형제애가 선포되었고, 1796년 8월 5일에 국가교회의 원리들이 폐지된다고 공포되었습니다. 1795년의 첫 헌법 제19조에는 각 시민은 자신의 양심이 명하는 바에 따라 예배함에 있어서 자유로워야 할 것을 규정했습니다. 이 점에 있어서 지역 사회는 모두를 위한 안전과 보호를 제공해야 했습니다.

제20조는 어떤 신앙고백과 연관하여 어떤 시민적인 특권이나 장애물이 없어야 할 것을 덧붙였습니다. 그리고 제21조는 각 교회가 예배, 목회자, 기관의 지원을 맡도록 규정했습니다.

추가적인 조항들은 사례비와 자녀 보조금(child-grants)[14]이 3년간 지속될 것, 평생 연금과 교회 기금(네덜란드국교회의 목회자들이 받는 봉급을 위한 기금)은 국가 교육과 빈민 구제를 위해 국가의 소유가 되도록 규정했습니다.

---

13 프랑스어로 헤베이(Réveil)라고 하며 프랑스와 스위스 지역에서 일어난 부흥 운동이었다. 자세한 사항은 다음을 참조하라. 헤르만 바빙크, 『바빙크 시대의 신학과 교회』, 23(각주 3). 헤르만 바빙크, 『개혁파 윤리학 1』, 466(각주 202). 이와 관련하여 본 장 2, 3), (4) 교회의 갱신 5번째 문단 이하를 또한 보라.
14 "자녀 보조금"은 목회자의 시무 중에 태어난 자녀들을 지원하기 위해 부모들에게 연간 총 25플로린을 제공하는 계획을 가리킨다(원문 주).

그러나 곧, 이 규정들은 너무 급진적인 것으로 드러났습니다. 그러므로 다음 헌법에서 상당히 완화되었습니다. 예배의 자유 그리고 교회와 국가의 분리가 이론적으로는 유지된 것이 사실입니다. 그러나 점차적으로 많은 것이 옛날로 되돌아갔습니다. 안식일의 강제적 준수, 공적 기도의 날, 네덜란드국교회의 목회자들을 훈련하는 학교로서 국립 대학에서 신학 교수진을 허가하는 일 등에 대해서 말입니다.

1805년에는 국무장관이 교회 정책 관리를 맡게 되었습니다. 1808년에는 정부에 별도의 예배부가 조직되었습니다. 그리고 1815년 9월 16일에는 왕실 법령에 의해 예배 사무 행정을 위한 두 개의 부서가 조직되었고, 1871년 1월까지 존속되었습니다. 사례비 지불에 관한 규정도 이행되지 않았습니다. 또 1801년 헌법은 1803년 헌법처럼 각 종파는 세기 초에 보유했던 것을 그대로 소유해야 한다고 선언했습니다.

1808년 8월 2일 결의에 의해 루이스 나폴레옹(Louis-Napoléon Bonaparte, 1808-1873)은 교회 재산을 몰수하고, 재무부에서 보증한 이전에 특권을 가진 교회의 설교자들에게 사례비를 지급했습니다. 이 마지막 규정은 충분한 재원이 있다면 심지어 다른 교단의 성직자들에게도 재무부에서 사례비를 지급해야 하는 것으로 확대되었습니다.

이어서 1815년의 헌법은 당시에 다양한 교단이나 해당 교단의 성직자들이 누렸던 사례비, 연금 그리고 다른 여러 가지 성격의 수입에 대한 지불이 보장되어야 한다고 규정했습니다. 그리고 더 나아가 지금까지 재무부로부터 사례비를 받지 못했거나 불충분하게 받은 목회자들은 보상분이나 인상된 사례비를 받아야 한다고 규정했습니다(제194조).

이 조항은 현재까지 이어지는 헌법에서 수정되지 않고 유지되었습니다. 분리 운동(Secession)에도 불구하고 교회와 국가의 재정적인 결합은 지속되었습니다. 다양한 교단에서 연간 2백만 플로린에 달하는 보조금을 국가로부터 받습니다. 심지어 유대인공동체도 이런 특권을 공유합니다.

단지 분리된 개혁파 교회들[15] 그리고 어빙파(Irvingites)[16]와 다비파(Derbyites)[17]와 같은 소수의 작은 교단들만 여기에서 제외될 뿐입니다.

2) 빌럼 1세에 의한 교회 통제

교회와 국가의 분리 원칙은 정부가 교회의 내부 사안에 개입하지 않아야 한다는 본질과 관련됩니다. 이 원칙이 선언된 이후, 나라의 독립을 되찾기 '이전'뿐만 아니라 '이후'에도 지속적으로 교회와 국가의 분리 원칙은 시행되었습니다. 1815년의 헌법은 교회에 할당된 재무부 기금이 다른 목적으로 사용되지 않는 것을 확인하는 의무만 왕에게 부과했으며(제195조), 제196조에서 예배의 자유가 칭송되었고 각 종교 분파들은 국가법에 순종해야 하는 울타리 내에 자신을 두었습니다.

---

15 이 교회들은 본서 3-2) "카이퍼의 등장과 애통교회의 출현"에 그 기원이 소개되어 있는데, 신약성경에 있는 에클레시아(ecclesia)라는 말의 용법에 따라서, 각 지역 공동체에 대하여 교회(Church) 그리고 국가적인 그들의 연합체에 대하여 교회들(Churches)이라는 말을 사용한다(원문 주).
16 어빙파는 부흥사이자 성경 예언의 해석자인 에드워드 어빙(Edward Irving, 1792-1834)의 추종자들이다. 그들은 어빙의 교설에 따라 1832년에 어빙파 또는 '거룩한가톨릭사도교회'(Holy Catholic Apostolic Church)를 창설했다. 헤르만 바빙크, 『개혁파 윤리학 1』, 박문재 역 (서울: 부흥과개혁사, 2121), 569(n162). 그는 예수 그리스도가 2번 재림한다는 교리를 통하여 종말론 중심적인 교리로 사람들의 이목을 끌었다. 또한, 그리스도가 죄가 있다는 교리로 그의 교단에서 출교를 당하기도 하였다. 어빙의 세대주의 관련성에 대해서는 다음을 참조하라. 조엘 비키·폴 스몰리, 『개혁파 조직신학 4』, 박문재 역 (서울: 부흥과개혁사, 2022), 82-84.
17 다비(John Nelson Darby, 1800-1882)는 아일랜드 태생으로 생애 대부분을 잉글랜드 성직자로 사역했다. 처음에는 잉글랜드국교회에 속했으며, 이후 새로 창립된 플리머스 형제단의 신학적 지도자가 되었다가 끝으로 다비파의 창시자가 되었다. 그의 주요 신학서인 *Synopsis*는 전천년적인 세대주의 종말론의 토대가 되었다. 세대주의는 인간의 역사를 하나님이 인류와 독특한 방식으로 관계 맺은 여러 시기 또는 세대로 구분 짓는 관점을 가리킨다. 세대주의는 다비의 잦은 방문을 통해 미국에도 널리 보급되었으며, 근본주의의 발흥에 기여했다. 네이선 P. 펠드머드, 이재근, 『교회사 용어 사전』, 29-30.

그러나 빌럼 1세는 정부가 교회의 일에 관여하는 것을 정당화하고 심지어 이를 의무화하는 사상을 해외에서 교육받았습니다. 결과적으로, 1814년 2월 26일과 6월 12일의 칙령에 의해 그는 고대 이스라엘식의 교회 통치 기구를 조직했으며, 1816년 1월 7일에 그는 기원상 불법적일 뿐만 아니라 또한 장로교적-노회 통치 형태에 직접적으로 마찰을 빚는 통치 체제를 교회에 제공했습니다. 1818년 2월 6일에 그는 또한 루터파 교회에 새로운 통치를 강요했습니다. 그리고 1817년 8월 19일에 그는 발론(Walloon) 공동체의 규제를 위한 규칙을 만들었습니다.

교회 일에 대한 이런 간섭은 빌럼 1세가 1825년 네덜란드와 벨기에의 연합 시기 동안 루뱅(Louvain)에 "철학학교"(Collegium Philosophicum)를 세움으로 절정에 달했는데, 미래의 가톨릭 사제들은 신학교에 들어가기 전에 이곳에서 철학 교육을 받아야 했습니다. 왕이 분리 측 사람들을 핍박했을 때 그의 간섭은 더욱 부당했습니다. 분리 측 사람들은 1834년과 그 이후로 단순히 옛 개혁파 신앙고백과 교회 질서에 참되게 남아 있기 위해 네덜란드국교회와의 교제를 단절했습니다.

3) 1830년 이후의 변화

(1) 정부의 압박

자연히 개혁파 공립학교는 교회가 해체되었을 때 1801-1803년의 교육법 아래에서 폐지되었습니다. 교육의 자유는 자리를 잡지 못했습니다. 그러나 정부에 의해 학교가 조직되었고 재무부로부터 전적으로 또는 부분적으로 지원받았습니다.

1806년 교육법 제22조에 따르면, 어린이들은 모든 사회적 기독교적 덕목 안에서 교육받아야 하지만, 교사에 의해 교단적인 가르침은 받을 수 없으며 국무 장관에 의해 마련된 목록에 언급된 것을 제외하고는 다른 교과

서를 사용할 수 없었습니다. 그리고 제12조에 따르면 군(郡)과 시 정부 부처로부터 특별 허가 없이 어떤 이름으로든 존재하거나 설립하도록 허락되지 않은 초등학교는 먼저 교육감 또는 지역 학교 위원회에 해당 초등학교를 검토하고 정부에 보고하도록 요청해야 했습니다. 이러한 규제들은 가톨릭, 유대인 그리고 급진주의자들로 하여금 대체적으로 학교에서 성경을 배제하고, 사설 기독교 학교 설립을 막도록 가능한 많이 기여하려는 명백한 목적을 가지고 있었습니다.

이 모든 법은 왕정 회복 시기의 표지를 지니며 왕실의 적법성에 기초하였습니다. 왕은 자신의 국민들에 대하여 부성(父性)적인 돌봄을 실행하도록 의무를 가진 것으로 스스로 간주했으며 국민들을 가능한 대로 미성년자와 같이 취급했습니다.

그러므로 헌법은 많은 점에서 죽은 문자처럼 남았습니다. 헌법의 원리들을 적용하거나 확장시키려는 시도는 없었습니다. 국회는 독립적이지 않았습니다. 선거권은 극히 제한적이었고 종종 족벌주의를 부추겼습니다. 성직자와 지역 자치 단체의 힘은 제한적이었습니다. 국가 전체가 수동적인 묵인과 정치적 무관심의 환경에 갇혀 있었습니다.

비록 명목상 그리고 외적으로는 자유로웠지만 국가 정부는 실질적으로 보수적이고 복고적이었으며, 반대를 두려워했고, 사람들을 유화시키고 달래며 주고받기를 원했습니다.

(2) 저항과 변화

말할 필요도 없이 그런 상황에 대한 반대가 도래했습니다. 그런 반대는 벨기에와의 합병 기간 동안 남부 지역에 속한 가톨릭교도 사이에서 처음으로 드러났습니다. 그들은 정부에 대항하여 많은 불평을 쏟아냈습니다. 또한, 나중에 반대 진영의 자유주의자들이 이들과 합세하였고 동등한 강도로 정부에 대항했습니다.

벨기에와의 합병이 1830년에 취소되었을 때, 또한 프랑스 7월 혁명에 의해 나타난 영향으로 인하여 정부의 보수적 경향은 더욱 강해졌습니다. 그러나 이 또한 군주에 대한 사랑에도 불구하고 더 담대하고, 더 많은 그리고 더 예리한 요구 지속적으로 주장하는 반대 반응에 양분을 제공했습니다.

그러므로 1830년 이후의 시기 동안 자기 충족과 보수주의는 후퇴하면서 점차적으로 자기 인식, 비평주의 그리고 행동을 일깨우는 일에 넓은 지평이 열렸습니다. 10일 전역(Tiendaagse veldtocht, 1830년 8월 2-12일)[18]과 네덜란드와 벨기에의 분할은 이 점에 호의적이었습니다. 왜냐하면, 두 사건 모두 네덜란드 국민을 낙담으로부터 일으키고 그들 자신의 가치와 능력에 대한 인식을 새롭게 하는 일에 도움을 주었기 때문입니다. 네덜란드는 자신의 관점과 그리고 다른 나라들의 관점에서 볼 때 스스로 회복된 것처럼 보였습니다.

사람들은 그 어느 때보다 더 큰 자부심을 가진 채 고개를 들고 당당하게 주위를 둘러보았습니다. 그리고 다른 나라들과 비교하기 시작했을 때, 더 이상 그들 자신의 우월성에 다시 한번 만족하여 기뻐하지 않고, 오히려 해외에서 무슨 일이 일어나는지를 주목하여 그들의 나라를 융성하게 하려 했습니다.

(3) 자연과학, 문학, 예술의 부흥

크고 많은 사건이 부흥의 증거를 제공합니다. 네덜란드의 상업적인 이익은 벨기에 산업과의 갈등에 의해 방해받았습니다. 그리고 이 장애물이

---

18 10일 전역(戰役)은 1831년 8월 2일부터 12일까지 10일간 네덜란드연합왕국이 독립을 선언한 벨기에왕국을 상대로 공세를 펼쳤으나 실패한 군사 원정이다. 10일 전역은 네덜란드의 국왕 빌럼 1세가 1830년 8월에 일어난 벨기에 혁명을 진압하기 위한 시도였다.

제거되면서 네덜란드는 가장 강력하게 발전했습니다.

이 시기에 해외의 자연과학은 새롭고 높은 차원의 비행을 했습니다. 이는 모방을 자극했고 곧 다음과 같은 사람들에 의해 훌륭한 방식으로 나타났습니다. 1837년 라이던대학의 교수 F. 카이절(Frederik Kaiser, 1808-1872), 1840년 위트레흐트대학의 교수 G. J. 물덜(Gerardus Johannis Mulder, 1802-1880), 1842년 위트레흐트대학 강사인 돈덜스(Franciscus Cornelis Donders, 1818-1889) 등.

1846년에 C. W. 옵조멀(Cornelis Willem Opzoomer, 1821-1892)이 교수직을 맡았을 때, 그는 지금까지 연단에서 들려오던 것과는 전혀 다른 철학에 대한 해설을 소개했습니다. 카우저(Karl Christian Friedrich Krause, 1781-1832)를 해석하는 일에 짧은 기간을 보낸 후에, 그는 오귀스터 콩트(Auguste Comte, 1798-1857)와 스튜어트 밀(John Stuart Mill, 1806-1873)의 경로를 따라갔습니다. 그리고 경험주의(Empiricism)¹⁹의 깃발을 들어올렸습니다.

문학 또한 폰덜(Joost van den Vondel, 1587-1679)의 시대 이후로 가지지 못했던 부흥과 번성의 시기를 누렸습니다. 박하우전 판 던 브링크(Reinier Cornelis Bakhuizen van den Brink, 1810-1865)는 드로스트(Aarnout Drost, 1810-1834)의 도움으로 문학 평론지 「뮤즈의 신들」(*De Muzen*)을 1834년에 처음으로 간행했고, 그 후 폿히털(Everhardus Johannes Potgieter, 1808-1875)과 함께 1837년에 「가이드」(*De Gids*)지를 출간했습니다. 그리고 판 레넙(Jacob van Lennep, 1802-1868), 올트만스(Jan Frederik Oltmans, 1806-1854), 그리고 투상(Anna Louisa Geertruida Bosboom-Toussaint, 1812-1886)은 그들의 역사적인 첫 소설들을 내놓았습니다.

---

19 지식을 습득함에 있어 감각 경험에 최고의 지위를 두는 인식론의 한 형태로, 합리론의 인식론적 측면과 대조된다. C. 스티븐 에반스, 『철학·변증학 용어 사전』, 10.

폿히털 　　　　　투상　　　　　베이츠

판 코츠펠트(Cornelis Elisa van Koetsveld, 1807-1893), 베이츠(Nicolaas Beets, 1814-1903) 그리고 하서브루크(Johannes Petrus Hasebroek, 1812-1896)는 그들의 첫 작품을 썼는데, 단번에 명성을 얻었고 이후의 작품들 중 어느 것도 이를 능가하지 못했습니다. 그리고 1822년 이후로 침묵을 지킨 다 코스타(Isaac da Costa, 1798-1860)의 서정시는 1840년에 다시 소리를 내기 시작했습니다.

이 시기에 예술은 뻣뻣한 고전주의와 감상적인 낭만주의로부터 점차 자유로워지는 법을 알았고, 황금기에 예술을 위대하게 했던 건전한 사실주의로 돌아가는 길을 발견했으며, 이제 다시 한번 번성과 명성의 시기로 예술을 돌려놓고 있습니다. 요하네스 보스보옴(Johannes Bosboom, 1817-1891)은 1817년 헤이그에서 태어났는데, 일찍이 1833년에 전시회를 열었고 3년 후에 자신의 화실을 개설했습니다.

(4) 교회의 갱신

더욱 강력하게 일깨워진 정신이 종교와 교회의 영역 내에서 실로 그 자신을 드러냈습니다.

여기서 마땅히 언급할 것은 빌덜데이크(Willem Bilderdijk, 1756-1831)라는 인물입니다. 그는 심지어 프랑스 혁명 이전에도 오라녜 가문의 열성 지지자였는데 1795년에 새로운 정부에 충성 서약하기를 거부했고, 수년간 망

명 생활을 했습니다. 1806년에 그가 돌아왔을 때, 그의 사상과 시는 동시대의 이신론, 합리주의, 펠라기우스주의[20]에 대한 강력한 저항이 되었습니다. 이런 저항은 더 큰 영향을 미쳤는데, 라이던에 머무는 동안(1817-1827) 그는 선조들의 역사에 대한 강의에 의해 자신의 주위에 제자 무리를 끌어모았고, 그들은 곧장 지속적으로 확장되는 진영 속에서 빌덜데이크의 사상을 전파했고, 다양한 학교에서 그 사상들을 가르쳤기 때문입니다.

그의 제자에 속하는 이삭 다 코스타(Isaac da Costa, 1798-1860)는 자신의 스승에 의해 기독교로 회심하였고 1822년에 라이던에서 세례를 받았습니다.

빌럼(Willem van Hogendorp, 1735-1784) 및 딜크 판 호헌돌프(Dirk Willem van Hogendorp, 1761-1822), W. A. 스키멀펜닌크 판 덜 오여(Willem Anne baron Schimmelpenninck van der Oye, 1800-1872), 바선날 판 카트베이크(Otto van Wassenaer van Catwijck, 1823-1887), 흐룬 판 프린스터럴(Guillaume Groen van Prinsterer, 1801-1876) 그리고 엘라우트 판 소털바우더(Pieter Jacob Elout van Soeterwoude, 1823-1887)는 모두 네덜란드의 종교 및 시민 사회 역사 내에서 일정한 역할을 했고, 자신의 소리를 확실하게 냈던 인물들입니다.

이런 일은 일찍이 1823년에 다 코스타가 『시대정신에 대한 반대』(*Bezwaren tegen den Geest der Eeuw*)를 출간하고, 이 책 안에서 자신이 살았던 전(全) 시대에 대한 전쟁을 선언했을 때 시작되었습니다. 이런 대립적인 경향은 종교적 각성에 의해 강화되고 심화되었습니다. 이 종교적 각성은 '러 페이'(Reveil)라고 알려진 것인데, 스코틀랜드에 기원을 두고 있으며 윌콕스와 로버트 할데인(Robert Haldane, 1764-1842)에 의해 스위스로 옮겨 왔고,

---

20 5세기 초에 브리튼 섬의 수사 펠라기우스가 저술한 글들에 연관되어 생겨난 신학적 입장. 이 입장에서는 원죄는 건전한 성경적 교리가 아니며, 인간의 의지는 완전히 자유롭게 선 또는 악을 선택할 수 있다고 단언했다. 그리고 개개인의 구원이나 저주는 바로 이 선택에 달려 있다고 여겼다. 교회가 이 견해를 거부한 것은 주로 히포의 아우구스티누스가 끼친 영향력 때문이었다. 네이션 P. 펠드머드, 이재근, 『교회사 용어 사전』, 161.

거기서부터 시저 맬롱((César Malan, 1787-1864), 보스트(Ami Bost, 1790-1874), 맬러 도비네(Jean-Henri Merle d'Aubigné, 1794-1872), 마노(Frédéric Monod, 1794-1863), 고센(François Samuel Robert Louis Gaussen, 1790-1863) 등의 저술과 사적인 방문을 통해서 네덜란드에 이식되었습니다.

이 부흥 운동은 진정한 국민적인 운동도 아니었고 실제적인 개혁파 운동도 아니었습니다. 이 부흥은 단지 헤이그, 암스테르담, 로테르담, 그리고 위트레흐트에 있는 소수의 귀족 계층에서만 호의를 받았습니다. 그러나 여전히 이 운동은 우리 국민들을 위한 큰 의미를 가졌고 역사 속에서 강력한 요소가 되었습니다.

첫째, 이 부흥 운동은 개인적이고, 실제적인 살아 있는 경건을 강조했습니다. 이 운동은 우선적으로 종교적인 정통 사상에 영향을 주지 않았고 오히려 마음의 믿음, 내적 영혼의 경험에 영향을 주었습니다.

둘째, 주로 이 부흥 운동은 이른바 변경할 수 없는 종교개혁의 교리들과 연합했습니다. 이 부흥 운동은 신앙고백, 교회 및 정치적 차이의 모든 유형 가운데 있었고 그 안에서 성장했습니다. 그러나 성경의 신적 권위, 그리스도의 신성, 성령의 인격성, 원죄, 그리스도의 속죄, 믿음에 의한 칭의, 중생과 성화의 필요성이라는 동일한 토대 위에 서 있었습니다.

셋째, 이 부흥 운동은 주위에 잃어버린 바 된 그리고 비참한 사람들을 향한 영혼의 동정을 발휘했습니다. 그리고 생기 있는 열정을 가지고 강의, 모임, 소책자, 기독교 서적 보급, 주일학교, 자선 기관 등을 통해 복음주의적이며 박애주의적인 사역을 시작했습니다.

이 부흥 운동은 선한 것을 많이 포함하고 있었지만, 교회적이지는 않았고 교회와 관련하여 그다지 큰 공감을 가지지 않았습니다. 결과적으로 이와 더불어 교회의 진리와 자유를 옹호하려는 한 운동이 일어났습니다. 그래서 곧 네덜란드국교회의 통치에 대해 분쟁을 낳았습니다. 이 통치는 1816년 1월 7일 왕실 법령에 의해 제멋대로 도입된 것이었고 근본적으로 불법적이었고 본질적으로 반(反)-개혁파적이었습니다.

통치를 위한 총칙 제15조는 교회의 입법권이 왕에게 속한다고 규정했습니다!

그리고 총칙 제9조를 따라서 다양한 교회 규칙이 교리의 유지에 실로 책임을 가지고 있었지만, 이 교리는 면밀하게 규정되지 않았고 설교자들을 위한 서명 동의 양식은 "하나님의 말씀에 부합함 가운데 네덜란드국교회의 일치를 위해 수납된 신앙 규범에 암시된 교리"를 준수한다는 증언을 포함시켰습니다.

"하나님의 말씀에 부합함 가운데"라는 표현은 모호했습니다. 어떤 사람들은 교리가 하나님의 말씀에 부합하기 때문에(quia) 교회의 회원들을 결속시킨다고 해석했고, 다른 사람들은 교리가 하나님의 말씀에 부합하는 한(quatenus) 그렇다고 주장했습니다. 이 점은 큰 분쟁을 야기했습니다.

이와 함께 가르침에 있어서의 자유 또는 교회의 조직에 대한 교회의 투쟁이 시작되었는데 현재까지 이런 투쟁이 지속되고 있습니다. 간혹 이미 일부 교회 공동체 속에서 분리가 일어나기 시작했습니다. 심지어 일찍이 1818년에 빌덜데이크는 교회의 상황이 분리를 필요로 하는 그런 상태라고 말했고, 1825년에 다 코스타에게 보내는 편지에서 이 점을 반복해서 썼습니다.

빌덜데이크

다 코스타

그러나 상당히 중요한 하나의 분리 운동이 있었습니다. 이 운동은 더 콕(Hendrik de Cock, 1801-1842)의 설교 아래에서 흐로닝언의 울룸(Ulrum)에 있는 작은 회중 안에서 시작되어 주(州) 전체로 점점 더 번져갔습니다.

이 작은 분리 회중은 네덜란드국교회의 통치에 무조건 복종하기를 거부했기 때문에 모진 비난과 모욕을 받았습니다. 그들은 개혁파 신앙고백과 교회 질서에 부합하는 삶을 원했고, 동시에 '개혁교회'라는 이름과 그 권리를 포기하기를 원하지 않았습니다. 또한, 그들은 벌금, 감시 군인의 주둔, 감금과 같은 공적인 핍박을 견뎌야 했는데, 이는 1815년에 제정된 헌법 제191조가 이미 존재하는 종교 단체에게만 보호권을 제공했기 때문이고 또한 형법 제291-294조는 20인 이상의 회집을 금지했기 때문입니다.

그럼에도 불구하고 이 분리 회중은 숫자적으로 그리고 점차적으로 증가했고 일종의 타협을 통해서 정부에 의해 인정되었고 1854년에 캄펜에 신학교를 설립했으며 1869년에는 "기독개혁교회"(Christian Reformed Church)라는 명칭을 사용했습니다. 반면, 분쟁의 상황은 그대로 남았고 점점 더 심해졌습니다.

(5) 신학의 변화

1830년 이후로 신학과 관련해서도 새로운 시대가 도래했습니다. 19세기의 첫 25년 동안 교회와 대학에서 명백한 영향을 미친 온건한 초자연주의는 끝에 다다랐고, 한편으로는 정통주의를, 다른 한편으로는 흐로닝언학파와 "현대주의" 학파를 위한 길을 열어 주었습니다.

흐로닝언신학(Groningen Theology)은 호프스테이 더 더 흐로트(Petrus Hofstede de Groot, 1802-1886), 판 올트(Johan Frederik van Oordt, 1794-1852), 파로(Louis Gerlach Pareau, 1800-1866), 판 헤르벨던(Claudius Hen-

더 흐로트

ricus van Herwerden, 1802-1881), 암스호프(Maurits Albrecht Amshoff, 1801-1874) 등 몇몇 교수와 설교자들이 1835년 10월에 하나의 협회를 조직한 곳의 도시 및 주(州)명을 따라서 불린 것인데, 이들은 1839년에 교양 있는 그리스도인들을 위한 신학 잡지인 「진리와 사랑」(Waarheid en Liefde)을 출간하기 시작했습니다.

이 신학은 1804년에 위트레흐트대학의 교수가 된 판 후스더(Philip Willem van Heusde, 1778-1839)의 철학적 사상의 결과였습니다. 위에서 언급한 호로닝언신학자 중 많은 사람이 그의 제자였는데, 레싱(Gotthold Ephraim Lessing, 1729-1781)에 의해 이미 전개된 사상을 수용하였습니다. 역사는 하나님의 계시로 간주되는데, 이로 말미암아 하나님은 인류가 하나님 자신에 순응하도록 훈련하신다는 것이 레싱의 사상이었습니다. 그러므로 계시와 교육은 동일하게 되었습니다. 하나님은 계시에 의해 교육하시고, 교육에 의해 계시하십니다. 이 계시와 교육은 인류를 대상으로 합니다.

따라서, 계시와 교육은 동일시됩니다. 계시와 교육은 자연, 역사 그리고 양심에 의해, 교리보다는 인물과 사실에 의해, 시간이 흐르면서 국가들 가운데 일어난 위대한 사람들에 의해, 기독교의 선구자로 불리는 소크라테스와 플라톤에 의해 그리고 특별히 하나님이자 사람이신 예수 그리스도에 의해 최고의 수준으로 그리고 그를 따라 교회에 의해 전개됩니다. 교회는 차례대로 야고보, 베드로 그리고 바울의 영향을 지녔고 이제 요한의 시기 속으로 점점 더 통과해 나가고 있습니다.

이런 새로운 사상들과 함께 호로닝언의 신학은 구식의, 닳아빠진 초자연주의를 정복했습니다. 그러나 곧 스스로 예리한 비평의 대상이 되었습니다. 우선 정통주의 진영으로부터 비평을 받았고 그 후 "현대"신학의 진영으로부터 다소 덜 날카롭게 비평받았습니다. 그리하여 호로닝언신학은 토대를 상당히 잃어버렸습니다. 그러나 현재까지 '복음주의자'라는 새로운 이름으로 계속 존재하는데, 이 이름은 1867년 호로닝언에 설립된 선거협회의 이름을 따라 불린 것입니다. 그리고 같은 해에 처음으로 출간된 「믿음과 자유」(*Geloof en Vrijheid*)라는 기관지를 가지고 있습니다.

정통주의는 일치되지 않았고 오히려 가장 초기부터 다양한 방향성 안에서 움직이며 나타났습니다. 그 가운데 한 부분이 분리 측 교회 속으로 들어가는 길을 발견했습니다.

훨씬 더 큰 다른 부분은 네덜란드국교회 안에 남았지만 그 안에서 다방면으로 드러나 보였습니다. 심지어 부흥 운동의 동료들 가운데서도 덜 중요한 많은 주제에 관하여 매우 다양한 정서가 존재했고, 1854년 10월 25일 암스테르담대회에서 처음으로 그리고 1862년 5월 19-20일 위트레흐트에서 열린 '기독교국가교육협회의회의'에서 더욱 결정적으로 공식적인 분리가 일어났습니다. 특별히 세 학파가 등장했습니다.

첫째, 특별히 네덜란드 역사의 학자이며 학식있는 법률가인 흐룬 판 프린스터럴에 매료된 사람들 중에서 많은 사람이 기독교의 역사적 원리에 그들의 토대를 두었고 교회 그리고 국가 및 학교, 정부 및 정부 기관들의 기독교적, 개혁파적 성격이 유지되어야 한다고 주장했습니다. 그들은 반복적으로 총회에 제안서를 제출했고, 1842년의 이른바 "헤이그의 일곱 신사"(흐룬 판 프린스터럴은 그중 한 명임)의 청원은 특별히 큰 소동을 만들었습니다.

그러나 이 모든 건의 사항은 보류되거나 불만족스럽게 답변되었습니다. 시간이 지남에 따라, 네덜란드국교회는 가르침에 있어서 무제한의 자유를 선호하고 가장 일탈적인 학파들에 강단을 개방했음이 점점 더 분명해졌습니다.

둘째, 다른 사람들은 심지어 정통 진영 가운데서도 법을 강요함으로써 신앙고백을 유지하는 것이 교회를 개혁하기 위한 올바른 방식이 아니라는 점을 지지했습니다. 진정한 개혁은 이른바 치유 경계를 따라서 도덕적 수단들에 의해서만 유효할 수 있다고 본 것입니다.

더 라 쏘쎄

특별히 「진지함과 평화」(*Ernst en Vrede*)라고 불리는 잡지에 의해 옹호된 이런 아이러니한 입장은 이 학파의 가장 저명한 대표자 D. 슝터피 더 라 쏘쎄 (D. Chantepie de la Saussaye, 1818-1874)에 의해 취해졌는데, 그가 고백한 윤리적 원리와 조화를 이루었습니다. 즉, 종교적-도덕적 본질과 관련된 기독교의 진리는 학문적으로 드러날 수 없고, 오히려 마음과 양심을 통해 중생과 회심의 영역을 따라서만 인식될 수 있다는 것입니다.

그러나 이 원리는 1863년에서 1882년까지 위트레흐트대학의 교수 판 오스털제이(Jan Jacob van Oosterzee, 1817-1882), 1859년에서 1888년까지 같은 대학의 교수 두더스(Jacobus Isaac Doedes, 1817-1897)의 위트레흐트학파에 의해 다시 질문을 받았습니다. 그들은 편견 없는 연구 이후 기독교의 사실들이 합리적인 의심을 뛰어넘는다고 간주하는 입장을 세웠습니다. 그러므로 위트레흐트학파는 흐로닝언학파 그러나 특별히 "현대"신학에 반대하여 사도적이고 역사적인 기독교의 변증가로서 나섰습니다.

판 오스털제이

셋째, 마지막에 언급된 위트레흐트학파의 신학은 옵조멀(Cornelis Willem Opzoomer, 1821-1892)에 그 기원을 두었습니다. 그는 라이던대학의 톨베커(Johan Rudolph Thorbecke, 1798-1872) 문하에서 법학을 공부했습니다. 그러나 일찍이 1846년 25세의 나이에 그는 위트레흐트대학의 철학 교수로 임명되었습니다. 옵조멀은 짧은 기간 변호했던 카우저(Karl Christian Friedrich Krause, 1781-1832)의 이상주의로부터 오귀스트 콩트(Auguste Comte, 1798-1857)와 스튜어트 밀(John Stuart Mill, 1806-1873)의 경험주의로 돌이켰는데, 이는 네덜란드 과학과 철학의 역사 내에서 중요한 전환점이 되었습니다.

정신과학을 위한 경험적인 방법을 추천함으로써 옵조멀은 근본적으로 그리고 급진적으로 이 문제에 있어서의 모든 전통과 결별했고, 처음 등장부터 현재까지 신학에 있어서 특별히 "현대적"이라고 특징짓는, 즉 반(反)-초자연주의라는 도장을 찍었습니다.

옵조멀

옵조멀은 인간 안에 감각을 통한 경험과 감정만이 아니라 별도의 종교적, 윤리적 그리고 심미안적 느낌의 존재를 가정함으로써 정신과학의 정당성과 가치를 유지하려고 힘썼습니다. 이 점을 그의 경험론적 출발점과 조화시키기는 어려웠습니다. 그러나 그런 방식 안에서 그는 과학의 완전한 정당성과 불가침적인 토대, 깰 수 없는 인과 관계의 법칙에 대한 인식을 인격적인 하나님에 대한 믿음, 도덕적 자유 및 불멸과 일치시킬 수 있다고 생각했습니다.

이러한 조화로운 경향은 정통주의로부터 유물론이 멀리 떨어진 것만큼 옵조멀을 지켜 주었고, 수많은 추종자를 불러왔습니다. 수년에 걸쳐 옵조멀은 사람들을 사로잡는 언변, 선명한 스타일 그리고 분명한 추론법을 통해 네덜란드의 젊은이들에게 강력한 영향을 미쳤습니다. 모든 학부의 학생들이 그의 발아래 앉아 그의 지혜를 들이켰습니다.

옵조멀이 미친 영향의 가장 강력한 증거는 그가 "현대"신학자들(보다 특정한 사람의 예로써 A. 피얼슨[Allard Pierson, 1831-1896])의 마음을 주조하는 일에 엄청난 기여를 했다는 점뿐만 아니라 스홀턴(Jan Hendrik Scholten, 1811-1885) 자신을 경험주의로 회심시킨 것입니다.

스홀턴은 위트레흐트대학의 학부생 시절에 자신의 삼촌 판 후스더의 집에서 살았습니다. 그리고 심지어 그 때 자신을 가르쳤던 헤링아(Elizaśzoon Heringa, 1765-1840), 바우만(Hermannus Bouman, 1789-1864), 로이알츠(Herman

스홀턴

Royaards, 1753-1825)의 초자연주의와 관련하여 이중적인 어려움을 느꼈습니다. 그것은 종교적 믿음을 위한 기초로서 역사적인 변증적 증거의 불충분성 그리고 철학적 깊이의 결핍이었습니다.

스홀턴은 다른 관점을 추구했습니다. 그리고 슈바이처(Alexander Schweizer, 1808-1888)가 쓴 『교의학』(Glaubenslehre, 1844-47)의 강한 영향 아래, 역사와 교회 신조에 대한 자신의 토대를 취했고, 그 지점으로부터 슈바이처처럼 슐라이어마허(Friedrich Daniel Ernst Schleiermacher, 1768-1834)의 철학보다는 헤겔(Georg Wilhelm Friedrich Hegel, 1770-1831)의 철학에 보다 부합하는 방식으로 논지를 펼칠 수 있기를 희망했습니다.

그리하여 수년 동안 스홀턴은 보수주의자이자 초자연주의자로 남아 있었습니다. 그러나 그 자신의 사색에 의해 그는 개혁파 신조로부터 개혁파 원리(특별히 하나님의 주권 교리)로, 역사적 사실로부터 종교적 개념으로 더 멀리 떠나버렸고, 마침내 1864년에 모든 초자연주의를 밖으로 내던졌으며 자신의 신학 체계를 순수한 영적 일원론[21]으로 온 세상에 선언하였습니다.

스홀턴의 주요 저술은 『개혁교회의 교리』(The Doctrine of the Reformed Church)인데, 1848년부터 1862년까지 4판이나 간행되었지만 당시에는 교조주의로서 명맥을 유지했던 것입니다.

---

[21] 실재는 근본적으로 하나라는 형이상학적 견해. 따라서, 일원론자들은 우리가 경험하는 것으로 보이는 대상들의 다원성이 그저 현상일 뿐이라고 주장하거나 완전한 실재가 아니라고 주장한다. C. 스티븐 에반스, 『철학·변증학 용어 사전』, 98-99.

(6) 정신적인 투쟁

교회와 신학에서의 이런 정신적인 투쟁은 국가 내에서의 정신적인 투쟁과 결합되었습니다. 다른 나라들과는 달리 1830년 이후 네덜란드에서는 정치적 투쟁과 종교적 투쟁이 매우 긴밀하게 연결되었습니다.

이는 주로 두 가지 원인으로부터 나온 결과로 설명될 수 있습니다.

첫째, 종교에서의 자유와 교회 및 국가의 분리라는 원칙이 헌법에 표현되어 있지만 결코 완전하게 적용되지 않았고, 교육의 자유는 오랫동안 인정되지도 허용되지도 않았다는 사실입니다.

둘째, 무엇보다도 16세기 종교개혁과 유사하게 프랑스 혁명은 그 나름대로 세상과 삶의 두 상반되는 관점을 서로 대립시킴으로써 나라를 두 부분으로 갈갈이 찢어 놓았다는 사실입니다.

처음부터 빌덜데이크와 그의 동료들 그리고 그의 제자들 중에 특별히 흐룬 판 프린스터럴(Guillaume Groen van Prinsterer, 1801-1876)은 이런 점에 저항하고 반대했습니다. 실로 프린스터럴은 이미 자신의 선생으로부터 프랑스 혁명 사상의 진실에 질문하는 것을 배웠지만, 그는 처음에는 기조(François Guizot, 1787-1874)의 정신 안에서 보수주의적 자유주의자 또는 자유주의적 보수주의자였습니다.

판 프린스터럴

프린스터럴은 삶을 통해 그의 지침이 될 원리에 대한 분명한 인식에 이르렀습니다. 먼저 그는 브뤼셀에서 멜러 도비네(Jean-Henri Merle d'Aubigné, 1794-1872)와 접촉하였고 더 보날드(Louis de Bonald, 1754-1840), 폰 할러(Karl Ludwig von Haller, 1768-1854) 등의 저술에 친숙해졌으며, 역사 연구에 몰입하였습니다. 그는 반동적인 그리고 반(反)혁명적인 정책을 따라서, 또한 보수주의와 자유주의에 반대하여 기독교-역사적 또는 반혁명적 원리들의 깃발을 높이 들어 올렸습니다. 그 자신의 언급에 따라 그의 기독교-역사적 교육은 30세가 되던 1831년에 완성되었고, 그의 원리들의 개요가 공식화되었습니다.

이런 원리들은 다음과 같은 결과에 도달했습니다. 19세기에 네덜란드 국가는 개신교적 특징을 법률과 통치의 모든 분야 내에서, 모든 공공 기관 내에서, 특별히 교회와 학교 내에서 유지하되, 새로운 시대정신을 온전히 받아들이면서, 반동적인 관념이 아니라 역사적인 관념에서, 속 좁은 태도가 아니라 폭넓고 온건한 정신 안에서 프랑스 혁명의 원리들을 거부해야 한다는 것입니다.

이 원리들은 만연한 자유주의적-보수주의뿐만 아니라 1830년 이후 톨베커(Johan Rudolph Thorbecke, 1798-1872)의 리더십 아래 등장한 신생의 자유주의 진영과도 분쟁을 일으켰습니다.

톨베커

톨베커는 흐룬 판 프린스터럴보다 3년 일찍 1798년에 태어났고, 1830년에 라이던대학의 교수가 되었습니다. 두 사람은 친한 친구였고 그 관계는 유지되었으며, 서로를 인정했습니다. 그리고 처음에 그들의 원리는 원만하게 어울리는 것처럼 보였습니다.

그러나 그들의 차이점은 흐룬 판 프린스터럴이 출간한 1830-1832년 사이의 『톨베커의 편지』 속에 그대로 드러났습니다. 톨베커는 실용적인 정치가로서 국민의 주권을 악으로 간주하지 않았고, 오히려 모든 부분에 있어서 국민의 주권을 법체계와 활동적인 유기체 속으로 통합시켰습니다. 그리고 그는 실용적인 정치는 기독교로부터, 특별히 개신교의 원리로부터 추론되어서는 안 되고 오히려 하나님께서 정하신 국가의 법률과 함께 국가 자체 내에서 인식되고 그로부터 도출되어야 한다고 주장했습니다.

그들의 처음이자 개인적인 충돌은 1837년에 일어났습니다. 분리 측에 대항하는 정부에 의해 취해진 행동의 결과에 대하여 흐룬은 소책자를 통해 정죄했고 톨베커는 「헤이그저널」(*Journal de la Haye*)에서 옹호했던 것입니다. 이후로 1872년에 톨베커가 죽고 흐룬이 1876년에 죽을 때까지, 그들은 의회 안팎에서 근본적인 원리에 의해 나뉘어 있었습니다. 그러나 개인적인 적대 관계는 없었습니다.

흐룬은 1842년에 교회 내에서 신앙고백을 중시하는 진영의 리더가 되었고, 국가 내에서 기독교-역사적 정당 또는 반혁명당의 리더가 되었습니다. 반혁명당은 1840년에 흐룬이 국회 하원(the Second Chamber)[22] 의석을 차지했을 때 생겨났습니다. 그리고 톨베커는 자유당의 시조이자 리더가 되었고 그의 지도 아래 보수 진영으로부터 떨어져 나왔으며, 처음부터 헌법의 급진적 개정, 시민적 및 개인적 자유, 제한된 군주적 권위, 주 및 자치 정부의 독립, 장관 책임제 및 국민들에 의한 상원 의원 직접 선출을 주장했습니다.

톨베커는 프랑스 2월 혁명의 압력 아래 1848년 10월에 일어난 헌법 개정의 영적 아버지였습니다. 비록 그는 3월에 지명된 준비위원회의 회원이 아니었지만 말입니다. 1년 후 그는 빌럼 3세 왕에 의해 특별한 목적을 위해 11월 1일에 취임한 내각 구성을 위임받았습니다. 그 목적은 개정 헌법이 요구하는 유기적인 법률을 제정하기 위한 것이었는데 그 가운데 선거권, 주 및 지방 자치 법안이 제1순위를 차지했습니다.

---

22 네덜란드에서는 대중적 선출자(the popularly elected) 또는 하원(the Lower House)을 the Second Chamber라고 부르고, the First Chamber는 다른 나라의 상원(the Upper House)과 동등하다(원문 주).

3. 자유를 위한 발걸음

1) 교회의 자유를 위한 발걸음

네덜란드 내에 자유로운 정부가 수립된 것은 1848년부터입니다. 1840년대에 시민적인 그리고 개인적인 자유가 중요한 진전을 이뤄냈다는 점에는 의심의 여지가 없습니다. 빌럼 1세가 퇴위하고 빌럼 2세가 승계했을 때 국가교회의 반대자들에 대한 핍박은 종료되었습니다.

1842년에 왕은 자신이 교회의 일들을 조정하기에는 자격이 없다고 스스로 선언했고, 1년 후에 교회 내의 최고 권력을 총회에 이전시켰습니다. 같은 해 1월 2일의 왕실 법령은 지방 자치 회의에서 초등학교를 시작하기 위한 허락을 받지 못한 사람은 누구든지 '주행정위원회'(Gedeputeerde Staten)[23]에 항소할 권리가 있음을 규정했습니다. 그리고 1848년 헌법 194조에 이 원칙이 "가르침은 자유다"라는 문구로 표현되었습니다.

이 자유는 만일 톨베커가 내각 구성원으로 남아 있었더라면 실제적으로 더 많은 공정함을 누렸을 것입니다. 왜냐하면, 1849년 12월 2일자 문서에서 그는 '자유학교' 설립을 위한 요구를 고려하는 가운데 다양한 권위자를 초청하여 가능한 대로 가장 큰 자유를 부여할 방법을 찾게 했기 때문입니다.

그러나 톨베커는 네덜란드 내에서 감독교회의 위계 제도를 복원시킨 결과였던 "4월 운동"으로 말미암아 1853년에 사임하도록 강요받았습니다. 그리고 그가 하원에서 의석을 차지한 것은 오직 마스트리흐트(Maastricht)의 로마가톨릭 지역 때문이었습니다. 그는 다시 내각 수장이 되었는데, 먼저 1862년부터 1866년까지, 그 후에 1871년 1월부터 1872년 7월까지 짧

---

[23] 주 의회 구성원에 의해 선발된 관리위원회를 말한다(원문 주).

은 기간 동안 임무를 맡았습니다.

종교와 교육의 자유는 유지되었지만 사실 모든 점에서 제한적이었습니다. 왕이 1842년에 교회에 복구시킨 권력을 사용하여 총회는 1852년에 다수의 훌륭한 수정안을 포함하고 회중에게 더 큰 권한을 부여하는 새로운 법규를 발표했습니다. 그리하여 교회의 조직 전체가 회중으로부터 나오는 더 큰 권한이 발휘되도록 진화했습니다.

그러나 1816년의 교회 조직은 실제적으로 유지되었습니다. 1842년에 정부가 교회 조직을 독립시킨 것은 사실이지만, 조직 자체를 폐지하지는 않았고 교회는 정부의 멍에 아래 남아 있었습니다.

더욱이 정부와 교회 사이의 재정적인 결합은 그대로 유지되었고 네덜란드국교회의 미래 목회자들을 위한 훈련 학교로서 신학부는 비록 내부적으로 변화되었지만 1876년의 대학 교육 법률에 의해 유지되었습니다. 이 점은 네덜란드국교회 안팎으로 다양한 진영 사이에 지속적인 분쟁을 낳았습니다. 그리고 신조를 지지하는 그룹으로 하여금 총회 조직으로부터 아무런 유익을 기대할 수 없고, 총회 조직 자체를 공격하여 파괴하고 옛 개혁파 교회 통치로 대체해야 한다는 그들의 확신을 더욱 확고하게 했습니다.

2) 카이퍼의 등장과 애통교회의 출현

이 부르짖음은 교회의 해방이 되었습니다. 그리고 이 부르짖음은 카이퍼 박사와 같은 재능 있고 강력한 사람에 의해 울려 퍼졌기 때문에 더욱 큰 영향을 발휘했습니다.

카이퍼 박사는 1837년에 마슬라위스(Maassluis)에서 태어났고 1867년 위트레흐트에서, 1870년 암스테르담에서 설교자가 되었으며, 그 후 교회

카이퍼

경력에서 벗어나 정치 영역으로 들어갔고 여전히 암스테르담교회의 장로로, 신학적 교회 신문의 편집자로 사람들에게 큰 영향을 행사하고 있습니다.[24]

1866년에 국가교회 총회는 목회자 지명과 장로 선출 그리고 교회 자산 관리를 위한 권리를 회중에게 넘겨주었기 때문에 카이퍼가 자신의 사명으로 취한 교회 해방은 더욱 가능한 것으로 드러났습니다.

만일 총회의 영향력이 줄고 회중이 영향을 받으면 교회가 독립을 되찾고, 자신의 선택에 따라 신앙고백적인 그리고 교회적인 직무들을 조직할 수 있는 기회가 있었습니다. 그러므로 개혁파 원리에 입각한 자유대학교가 사립협회에 의해 1880년에 설립되었고, 이 대학의 신학 교수진들은 개혁파 회중을 위한 목회자들을 교육해야 했습니다.

1885년에 암스테르담 당회 내에서 분쟁이 일어났습니다. 암스테르담 당회는 비난받고 직무 정지되었습니다. 그리고 1886년 12월 16일에 회중의 이름 안에서 총회의 멍에를 벗어던지고, 도르트 총회의 교회 통치를 복구하고, 현재의 건물과 자산에 대한 어떠한 권리도 주장하지 않기로 결의하였는데, 그 결과 "애통교회"(Doleerende Kerk)[25]로 알려지게 되었습니다.

암스테르담 당회와 함께 약 2만의 교회 구성원이 국가교회로부터 나왔습니다. 다른 교회들도 따라 나왔고 일시적인 연합에 가담했습니다. 그리고 1892년에 "네덜란드개혁교회"(GKN, Gereformeerde Kerken in Nederland)라는 이름으로 앞서 언급한 기독개혁교회와 연합했습니다.

---

24 이 책 출판 연도인 1915년에 카이퍼는 아직 생존했다. 카이퍼는 1920년에 별세했다.
25 "Doleerende"는 라틴어 *dolere*(애통하다, 고뇌하다, 고통받다)에서 파생되었는데, 권리를 빼앗긴 것에 대하여 교회가 고통을 "완화하는"(Buffering) 상태에 있음을 가리킨다(원문 주).

3) 교육의 자유를 위한 투쟁

네덜란드국교회는 결과적으로 큰 손실을 겪었습니다. 그러나 곧장 회복하고 다양한 진영의 싸움터로 남았습니다. 신앙고백파, 윤리학파, 복음주의파, 현대주의파는 각각 다양성을 가지고 있으면서 신조와 교회 조직에 대한 싸움을 현재까지 수행하고 있습니다.

1848년의 헌법 이후로 학교를 위한 싸움도 계속되었고, 더욱 매서운 분위기를 취했습니다. 비록 헌법이 194조에서 가르침에서의 자유를 규정하고 있으나, 동일한 조항은 공교육이 정부의 지속적인 돌봄의 목적이며, 가르침은 모든 사람의 종교적 의견을 존중하는 것이어야 하고, 실제적으로 중립적이어야 하며, 어디서든지 국가 전체를 통하여 적합한 교육이 정부 당국에 의해 제공되어야 한다고 지시합니다.

국무위원회와 톨베커 총리의 희망에 반대하여 보수당의 강요로 1848년 헌법에 삽입된 마지막 조항은 '자유기독학교'의 지지자들에게 특별한 공격을 가했습니다. 이것은 양심의 자유를 공격한 "참혹한 조항"이었고, 교회와 정부의 분리에 대립되었고, 개인적인 능력의 자유로운 개발을 제한했습니다.

그러는 동안 판 델 브뤼헌의 내각은 1857년의 교육법을 통과시켰습니다. 비록 유사한 정신을 가졌지만 교육부는 반혁명당원들을 깊이 실망시켰습니다. 이 교육법은 사립학교의 설립을 허가했지만 공교육의 중립성을 중요한 것으로 만들었고, 이러한 중립성이 모든 사회적 및 기독교적 미덕을 증진할 수 있을 것이라는 잘못된 주장을 지지했습니다. 전국적으로 강력하고 협동적인 행동이 뒤따랐고, 기독학교는 지속적으로 더 많은 동정과 힘을 확보했습니다.

정통 개신교주의 내의 다양한 사상의 학교들이 자유로운 교육을 위한 이 투쟁에 만장일치로 함께 일했습니다.

4) 반혁명당의 성장

흐룬 판 프린스터럴은 일반적인 개신교 기독 신앙고백을 지속적으로 옹호하면서 "종교개혁 시기 동안 네덜란드 내에서 또한 교회와 학교 내에서 복된 광휘와 함께 활력을 준 변함없는 진리들"의 기초 위에 서서, 학교를 위한 이러한 투쟁 가운데 개혁파와 분리파, 루터파와 침례파, 고백파와 윤리파를 연합시키려고 노력했습니다.

그러나 이 사실이 흐룬은 종종 홀로 서 있었고 의회에서 자신의 동조자들로부터 버림받았다는 사실을 없애지는 못했습니다. 그가 "군대 없는 장군"이라고 불린 것은 당연했습니다. 이 시기 동안 보수당은 여전히 크고 강했습니다. 종교개혁과 프랑스 혁명의 원리들 사이의 차이점은 여전히 분명하게 이해되지 못했습니다. 경계선이 지워지고 색깔이 혼합되는 일은 드물지 않게 일어났습니다. 이는 1857년 판 덜 브뤼헌의 교육법에, 1866년 커우쉐니우스(Levinus Wilhelmus Christiaan Keuchenius, 1822-1893)의 결의문에 그리고 1869년 '국가기독교교육협회' 회의에서 드러났습니다.

이처럼 원칙에 대한 결핍에 지친 흐룬은 1871년 총선거에서 급진적인 변화를 일으켰습니다. 그는 나라 전체에서 반혁명당의 리더로서 오직 세 명의 후보만 지명하였는데, 커우쉐니우스, 카이퍼 그리고 오털로(Otterloo)였습니다. 그당에서 보수적인 부류를 제거한 것입니다.

이것은 일시적인 상실이었지만 장기적으로는 득이 되었습니다. 반혁명당은 독립을 회복했고 조직을 갖출 수 있게 되었습니다. 흐룬은 "네덜란드와 오라녜"라는 이름으로 어디서든지 선거 단체를 세움으로 시작했습니다. 그러나 이 단체들은 상호 연결되지 않았고, 공통의 계획이 없었습니다.

그런데 카이퍼 박사를 통해서 변화가 일어났습니다. 그는 즉시 그의 정치 경력 첫 시작부터 조직을 손에 쥐었습니다. 1872년 4월 18일에 그는 일간지 「표준」(De Standaard)의 편집을 시작했고 그리하여 선거 단체들이 '중앙위원회'와 협력하도록 만들었습니다. 그리고 그는 온전하게 정교화시키고 해석한 원리들의 계획을 작성했는데, 이것은 1878년에 당의 계획으로 전(全) 당원에 의해 채택되었습니다.

'반혁명당'의 성장은 이때부터 시작되었습니다. 반혁명당은 거의 모든 선거에서 의회의 의결권과 회원들을 보유했습니다.

5) 로마가톨릭의 영향

이런 진전은 단지 힘의 측면에서 그 자신의 성장으로 설명할 수는 없습니다. 오히려 이런 진전은 로마가톨릭의 도움에 상당한 빚을 졌습니다. 그리고 로마가톨릭은 점차적으로 다른 정치적 태도를 취했습니다.

1853년 이전에 그들은 대체적으로 자유주의자들의 편을 들었습니다. 벨기에와의 연합 기간 동안 그들은 정부의 압제 정책에 반대하는 일에 벨기에와 연합했습니다. 그리고 19세기 첫 반세기 동안 그들은 자유당에 의해 이 나라 안에서 그들의 이익이 가장 잘 보존되었다고 생각했습니다.

급진주의자들 및 유대인들과 함께 로마가톨릭은 1806년의 법률에 따라 공립학교로부터 성경을 배제시키고, 교육에서 완전한 중립을 주장했습니다. 자유주의의 견해에 호소함으로써 그들은 1798년 헌법에 의해 원칙적으로 주어진 자유를 주장했습니다. 그리고 19세기 전반기 동안 교회를 위한 보조금과 "찬성 투표"의 폐기(1848년 헌법 170조)를 얻어 냈습니다. 즉, 수도원을 해방하고 협회 설립과 공적 모임 개최를 위한 권리 등을 받았습니다.

그리하여 그들은 더욱 자의식을 가지게 되었습니다. 그들의 주요 기관지 「시대」(The Tijd)는 1848년 2월 1일부터 10월 31일 사이에 72개의 통계 리스트를 간행했습니다. 여기에서 그들은 로마가톨릭이 네덜란드 내에서 얼마나 불공정하게 취급되고, 영향력 있고 유리한 모든 임명에서 어떻게 외면당했는지를 보여 주었습니다.

1848년 6월에 그들은 직접 선거, 종교의 자유 그리고 교육의 합당한 자유를 주장하면서 일반 청원 운동을 시작했습니다. 주교들의 계급 제도가 회복되기를 바라는 소망을 표현하면서 로마가톨릭 신자들에게 성명서가 또한 발표되었습니다.

이러한 복구는 1853년 3월 4일의 교황 칙령에 의해 일어났는데, 당시에 설립된 복음주의협회 기관지인 「프로테스탄트」(*De Protestant*)지는 미약하지만 분노의 폭풍을 일으켰고 톨베커의 사역에 종결을 선언했습니다.

그러나 그때 이후, 자유주의자들과 로마가톨릭 사이의 연합은 꾸준히 느슨해져 갔습니다. 이탈리아 내에서의 혁명에 대한 그들의 다른 관점과 자유주의 문화에 대한 1864년의 "교황회칙"에 대한 반대는 종교적으로만 아니라 정치적으로도 둘 사이에 광범위한 차이가 있음을 밝혀 주었습니다. 학교에 대한 관심사는 로마가톨릭을 더욱 반혁명당 쪽으로 몰아갔습니다.

로마가톨릭은 전에는 공립학교 내에서 중립적인 가르침에 만족했습니다. 특별히 남부 지역에서 그랬는데 남쪽에서는 로마가톨릭이 다수였고, 학교들은 실제적으로 로마가톨릭 학교였습니다. 그러나 그곳에서 자란 사람들 중에는 자녀들의 종교적 교육을 절대 필요로 간주하려는, 보다 근본적인 다른 경향이 있었습니다. 이런 경향은 1868년 7월 23일 주교들의 명령에 의해 크게 강화되었고 모든 반(反)종교적인 가르침뿐만 아니라, 비(非)종교적 또는 중립적인 가르침을 거부했습니다.

6) 학교 문제

이 문제에 있어서 우익 진영은 나라 안에서 그리고 국회 안에서 그들의 힘을 증대시킨 반면, 자유주의 진영은 토대를 급격하게 상실했습니다. 자유주의 진영은 현대 학파가 교회 안에서 누렸던 것처럼 번영의 시기를 통과했고 선한 일을 많이 해냈습니다. 그러나 심지어 1862년에서 1866년 사이의 톨베커 내각조차도 기대에 부응하지 못했습니다. 톨베커 내각은 견해의 차이와 개인적인 싸움을 일으켰습니다. 그리고 톨베커의 은퇴 후에도 상황은 개선되지 않았습니다.

정부, 선거권, 세금 제도, 교육 등과 같은 매우 중요한 문제 가운데 프란선 판 더 푸터(Isaäc Dignus Fransen van de Putte, 1822-1902), 판 후턴(van Houten), 카페이너 판 더 코펠로(Jan Kappeyne van de Coppello, 1822-1895) 등과 같은 사람들에 의해 대표되는 보다 젊은 파벌은 옛 자유주의자들로부터 떨어져 나와 진보적인 개혁을 옹호하려는 모습이 점점 더 분명해졌습니다.

1872년에 톨베커가 죽고 난 후 지명된 사람[26]은 리더십을 맡아서 분열된 당을 연합시키려고 노력했습니다. 1875년 국가 예산에 대한 주목할 만한 연설에서 그는 개혁을 위한 완성된 계획을 소개했고, 국가가 다른 사람에게 넘겨줄 권리를 가지기보다는 오히려 국가가 직접 챙겨야 하는 교육을 특별히 포함하여 국민의 이익을 국가의 최고 목표라고 불렀습니다.

1877년부터 1879년까지 국무총리로 섬긴 사람[27]은 특별히 교육법을 개정하여 이런 개혁을 이끌어 내고 그리하여 자신이 지지하는 자유주의 원칙의 승리를 확보하는 일에 자신의 위치를 배정시켰습니다. 그러나 그를 추종하는 대부분의 사람들로부터 나오는 올바른 동정심과 필요한 확신이 그에게 주어지지 않았습니다. 특별히 중립적인 공립학교와 관련한 기대에 실망한 많은 자유주의자는 사립학교에 이권을 넘기는 경향이 있었습니다. 비록 새 교육 법안이 통과되었지만, 이 법안이 가리키는 것에 정반대의 결

---

26 이 사람은 더 프리스(Gerrit Abrahamszoon de Vries, 1818-1900)인데, 톨베커 사후 국무총리가 되어 1872년 6월 4일부터 1874년 8월 27일까지 일했다.
27 이 사람은 판 더 코펠로(Joannes Kappeyne van de Coppello, 1822-1895)인데 네덜란드 자유주의 정치인이었다.

과를 낳았습니다.

왜냐하면, 카이퍼 박사에 의해 "날카로운 결정"이자 "끔찍한 법령"으로 알려진 이 법안은 공립학교에 대한 일방적이고 과도한 편애의 결과로 모든 보조금을 박탈당한 자유학교들이 경쟁할 수 없도록 만들어버렸기 때문입니다.

그러나 이 법은 이전의 투사들에게 다른 사람들과 싸울 수 있는 강력한 무기를 제공했습니다. 국왕이 이 법안을 거부하도록 요구하는 수십만 명(개신교인 30만 명과 로마가톨릭교인 20만 명)의 서명이 기재된 인상적인 탄원서는 이 법안이 법령집에 들어가는 것을 막지는 못했지만, 종교 학교를 선호하는 가운데 네덜란드에서 일어난 정신을 보여 주는 강력한 증언이 되었습니다.

로마가톨릭과 정통 개신교가 손을 맞잡고 일했습니다. 로마가톨릭 교수인 H. J. M. 스카에프만(Herman Johan Aloijsius Marie Schaepman, 1844-1903) 박사는 성직자 복을 입은 채 의회에 처음으로 등장했는데, 자유주의자들에 대한 동료 신자들의 편파성과 개신교인들, 특별히 칼빈주의자들에 대한 그들의 편견을 어떻게 극복해야 하는지를 알았습니다.

스카에프만   더 사폴닌 로만

개신교 측의 A. F. 더 사폴닌 로만(Alexander Frederik de Savornin Lohman, 1837-1924)과 카이퍼 박사에 의해 지지받은 스카에프만 박사는 이른바 "거대 연합", 다시 말해 우익 정당들의 연립을 이끌어 냈습니다. 1888년 선거에서 그들은 호의를 받았고 처음으로 우익 내각, 즉 막케이(Aeneas Mackay Jr., 1838-1909) 내각(1888-1891)이 정권을 잡았습니다. 이 내각에서 초등 교육법이 통과되었고, 이로써 사립학교들은 명확한 조건하에서 보조금을 수령하였습니다.

이 보조금은 "의무교육법"의 도입과 연관하여 볼허시우스(Hendrik Goeman Borgesius, 1847-1917) 총리에 의해 그리고 카이퍼 박사(재임 1901-1905)와 헤임스켈크(Theo Heemskerk, 1852-1932, 재임 1908-1913)가 총리로 있을 때 대폭 인상되었습니다. 그리하여 공립학교와 사립학교는 이제 정부에 의해 거의 같은 수준으로 지원받게 되었습니다. 지원금은 자유학교들이 나라 전체에 급속하게 번져 나갈 수 있도록 했습니다.

1912년에 5,277명의 교사와 184,907명의 어린이가 있는 920개의 로마 가톨릭 학교에서 초등 교육이 시행되었고, 1914년에는 성경 교육을 실시하는 1,116개의 학교가 있었는데, 여기에서 177,058명의 어린이가 4,147명의 교사에게 배웠습니다.

상황은 매우 분명해졌고 많은 사람이 자녀들에게 종교 교육이 시행되는 가운데 학교 문제에 대한 휴전을 갈망했고, 콜트 판 덜 린던(Pieter Cort van der Linden, 1846-1935, 재임 1913-1918) 총리는 1913년 12월에 학교 문제에 대한 평화를 추구하도록 지시받은 위원회를 임명하여, 가능한 재정 지원에 있어서 평등의 기초에서 그 목적을 위한 결의를 준비하도록 함으로써 이러한 갈망에 부응했습니다.

4. 다방면에서의 변화와 교회의 역할

1) 과학의 한계와 철학의 변화

학교 관련 분쟁을 해결하기 위한 이러한 갈망은 1880년 이래로 우리가 살아왔고 다양한 방법으로 준비되었던 새로운 시대의 많은 징조 중 하나입니다. 우선, 과학으로부터 기대했던 것을 넘어서는 큰 변화가 있었습니다. 19세기 동안 자연과학의 영역에서 일어난 엄청난 발명과 정복은 세상과 삶의 모든 신비를 단번에 해결하고 모든 병에 대한 만병통치약이 될 것이라는 희망을 보증하는 것처럼 등장했습니다. 유물론은 그 시대의 철학이었고 세상에 대한 기계적인 설명은 많은 사람 사이에서 흔들리지 않고 수립되었습니다.

그러나 이 시기는 지나갔습니다. 과학적인 연구는 고발당했고 이로써 사람들로 하여금 세상과 인간 속에서 신비가 사라진 것이 아니라, 오히려 숫자적으로 그리고 본질적으로 증가한 것을 보게 했습니다. 과학이 설명할 수 없는 점점 더 많은 수수께끼가 등장했습니다. 그리하여 과학은 자신의 한계를 더 많이 배웠고, 그 편협함을 의식하게 되었고, 알 수 없는 영역에 의해 과학 자체가 둘러싸여 있다는 것을 보게 되었습니다. 이 때문에 과학은 헤겔과 스펜서의 철학으로부터 칸트[28]의 철학으로 돌아섰습니다.

1864년 초에만 해도 독일의 외침은 '칸트로 돌아가자'였고, 곧 이 지점에서 반향을 발견했습니다. 스홀턴의 합리주의적 일원론은 "현대주의자

---

[28] 합리론과 경험론의 통찰을 종합하려는 시도로 비판철학을 전개한 최고의 근대 철학자 중 한 명. 칸트의 관점에 따르면, 전통적인 자연신학은 실패했으며 하나님에 대한 어떤 이론적 지식도 불가능하지만, 그럼에도 이성의 한계를 인정하는 것이 합리적, 도덕적 신앙이 들어설 공간을 허용한다. 그리고 정언명령에 따라서 도덕적으로 살려고 분투하는 동안, 우리는 인간의 자유, 하나님의 존재, 불멸성을 상정해야 한다. C. 스티븐 에반스, 『철학·변증학 용어 사전』, 123.

들"의 진영 내에서 강한 반대를 일으켰습니다. 더 헤너스텃(Petrus Augustus de Génestet, 1829-1861)은 "비범한 닭이 애송이 닭의 목을 비틀어야 한다"라기보다는 믿음과 과학을 나란히 두기를 허용했고, "신비적인 삶은 모든 체계를 가엾게 비웃는다"라는 의견을 가졌습니다.

부스켄 후트(Conrad Busken Huet, 1826-1886)와 피얼손(Hendrik Pierson, 1834-1923)은 설교자로서의 직위를 사임했으며, 다른 많은 사람이 이처럼 사임했습니다. 1856년에는 재세례파 신학대학 교수였고, 1877년부터 1892년까지 또한 암스테르담대학의 신학부 교수로 지냈던 혹스트라(Sytse Hoekstra, 1822-1898) 교수는 1858년 스홀턴에 대항하여 온건한 자유의지를 옹호했습니다. 그는 더 나아가 종교적 믿음의 토대를 스홀턴처럼 이성이나 옵조멀처럼 생래적 종교 감정에서 추구하지 않고, 오히려 신칸트주의적 양식 안에서, 자기 존재의 진리 안에 있는 인간의 믿음 안에서, "그 자신의 영적 그리고 도덕적 본성의 가정 안에서" 추구했습니다.

1870년 이후 "현대"신학은 스홀턴에 충실하게 남았던 합리주의자들과 혹스트라 및 그를 통하여 칸트에 연합한 윤리주의자들로 나뉘었습니다. 라이던(Leiden)대학의 교수였던 라우번호프(Lodewijk Willem Ernst Rauwenhoff, 1828-1889)가 1887년 자신의 저서 『종교철학』(Philosophy of Religion)에서 스홀턴의 일원론을 떠나 그 후 이중적 관점과 종교적 믿음을 옹호했을 때, 다시 말해, 그가 도덕적 세계 질서에 대한 자신의 믿음을 양심의 정언적 명령(categorical imperative)[29] 외의 다른 것에 두지 않았을 때, 윤리주의자들은 적지 않은 지지를 받았습니다.

신학에서 합리주의와 경험주의로부터 윤리적 이상주의로의 변화가 발생한 것처럼 네덜란드 내에서 철학의 변화도 일어났습니다. 라이던대학의

---

29 칸트철학에서, 행위의 결과에 구애됨이 없이 행위 그것 자체가 선(善)이기 때문에 무조건 그 수행이 요구되는 도덕적 명령(참조: 네이버 국어사전).

교수 J. P. N. 란트(Jan Pieter Nicolaas Land, 1834-1897)는 철학자로서 비평적 관점을 취했고, 칸트학파의 철학에 대해 평생 존경의 마음을 품었습니다.

판 덜 베이크(Bernard van der Wijck, 1836-1925) 교수는 1863년에 호로닝언에서 교수 사역을 시작했는데, 처음에는 자신의 스승 옵조멀의 발자취를 따라갔지만, 점점 자신의 경험주의를 비판에 직면하게 했습니다. 특별히 암스테르담대학의 교수 C. B. 스프라위트(Cornelis Bellaar Spruyt, 1842-1901)는 정신철학에서 자신의 입장을 칸트와 쇼펜하우어에 가깝게 두고 자신의 제자들에게 인간 지식의 한계에 대한 깊은 감화를 주었습니다.

2) 예술과 문학의 변화

카이펄스

예술 영역에도 상당한 변화가 일어났습니다. 건축은 완전히 쇠퇴했지만 특별히 P. J. H. 카이펄스(Petrus Josephus Hubertus Cuypers, 1827-1921)에 의해서 다시 새로운 생명을 얻었습니다. 새로운 시대의 요구에 부응하여 건축은 교회와 목사관뿐만 아니라 또한 정부 청사, 대학, 박물관, 무역 회의소, 기차역, 교각 등에서도 표식을 남겼습니다.

회화 기법은 그 자체로 19세기 전반기에 특정한 독립성을 만들어 냈지만, 후반기에 사람들의 정신이 강력하게 재생되었을 때만 번영을 이루었습니다. 농업, 상업 그리고 산업은 높이 상승했습니다. 과학, 특별히 조국의 역사와 옛 네덜란드 예술의 역사는 존중되었습니다.

새로운 회화 기법은 17세기의 방식과 동일한 현실적 그리고 민주적 경로 내에서 움직인 것이 쉽게 설명되지만, 한 가지 차이점이 주목할 만한 것이었습니다. 황금기의 회화 기법은 행복하고 명랑했습니다. 즉, 단순한 농민 생활의 영예 안에서 즐거워한 것입니다. 그러나 현재의 회화 기법은 시대정신 때문에 뿌리 깊은 우울함으로 특징지어 집니다. 현재의 회화 기법은 인간 삶의 비극에 대한 미술가들의 심장 속에 살아 있는 심오한 감정의 증거를 제공하는데, 특별히 요제프 이스라엘스 (Joseph Israels, 1824-1911)가 그러합니다.

이스라엘스

새로운 철학의 교훈에 의해 이득을 얻은 문학이 이런 노선을 곧장 따라갔습니다. 실로 이런 화풍은 실제는 우리가 보는 대로 객관적으로 존재하지 않고, 오히려 사람의 마음에 의해 창조되며 그리하여 예술은 실제를 연구하고 객관적으로 재생하는 가운데 존재하지 않고, 도리어 예술가 자신이 실제를 보는 대로 그 자신의 영혼을 통해 살아 내고 그 안에서 경험하며 그 자신의 언어 안에서 표현하는 가운데 있다고 가르쳤습니다. 이를 인상주의(impressionism)라고 합니다.

자연주의와 상징주의는 전통적인 언어와 그림을 가진 옛 수사법에 정면으로 반대되었기 때문에, 자연주의는 현실화되기를 원하는 쪽으로 잘못 들어서지 않았다고들 하였습니다. 그러나 자연주의는 예술가가 재생하고 표현해야 하는 현실에 대한 개념에 결함이 있었습니다.

왜냐하면, 단지 가늠할 수 있고, 무게를 달 수 있고, 헤아릴 수 있고, 과학적 연구의 대상인 것은 참 실제가 아니기 때문입니다. 오히려 참된 실제는 삶이며 의지이고, 사물의 출현 뒤에 놓여 있는 무의식이고, 사람의 가장 깊은 존재와 관련되며, 오직 감정을 통해서만 이해되고 향유될 수 있습니다. 예술은 "개인적 감정의 개인적 표현"이어야 합니다. 예술을 위한 예술로서 예술은 그 자체를 위해 수행되어야 합니다.

이런 깃발 아래 1885년 기관지 「새로운 지침」(*De Nieuwe Gids*)과 함께 새로운 문학 사조가 나타났습니다. 이 기관지는 프레드릭 판 에이던(Frederik van Eeden, 1860-1932), 판 델 후스(Frank van der Goes, 1859-1939), W. 클로스

(Willem Johannes Theodorus Kloos, 1859-1938), W. 파압(Willem Anthony Paap, 1856-1923), A. 펄베이(Albert Verweij, 1865-1937)가 넷쉬얼(Franciscus Cristianus Johannus Netscher, 1864-1923), 판 더에이젤(Lodewijk van Deyssel[Karel Joan Lodewijk Alberdingk Thijm], 1864-1952), 판 로이(Jacobus van Looy, 1855-1930), A. 알러트리노(Arnold Aletrino, 1858-1916) 등과 협력함으로 편집되었습니다.

판 더에이젤

그러나 일찍이 1890년에 이 신생 잡지는 많은 분쟁적인 요소를 포함시켰음이 분명해졌습니다. 수년 내에 사람들은 다양한 학파로 나뉘었습니다.

개인주의를 높이고 '예술을 위한 예술'이라는 모토에 충성스럽게 남은 사람들이 있었는데 그들은 '써야만 했기' 때문에 썼다고 주장했으며, 그들의 말이 사회에 조금이라도 영향을 미칠 것이라고 생각하지 않았습니다. 그들은 설령 지구상에 홀로 있더라도 그렇게 쓴 대로 쓸 참이었고, 예를 들어, 어떤 탁자를 묘사하는 데 페이지를 할애함으로써 만족을 얻었습니다(판 더에이젤과 클로스의 경우).

다른 사람들의 경우 스칸디나비아, 러시아 그리고 특별히 프랑스 소설의 영향하에서 회의적이고 운명적인 자연주의로 이끌렸고, 이는 독자들을 우울하게 만들고 그들의 용기와 힘을 약화시켰습니다.

그러나 실제에 대한 이런 열정은 사회의 다른 부분 가운데, 귀족과 서민들 가운데 상황과 관계의 면밀한 관찰로 다시 이끌었습니다. 노동자 계층 가운데의 슬픔은 또한 연민과 사회적 동정을 일깨웠습니다. 이에 해당하는 사람들은 헤이넬만스(Herman Heijermans, 1864-1924), 판 흐로닝언(August Pieter van Groeningen, 1866-1894), 브루서(Marie Joseph Brusse, 1873-1941) 그리고 쿠에리도(Israël Querido, 1872-1932)입니다.

이 자연주의 학파는 개인주의와 연합할 수 없으나 새로운 시대의 이상에 마음과 정신을 개방하기를 원하고 예술을 현대 사회와 접촉하도록 하기 원하는 80년대 세대의 다른 그룹에 손을 내밀었습니다. 이 그룹 내에서도 정치 사회주의에 가담한 사람들(판 델 후스, 홀틸[Herman Gorter, 1864-1927], 롤란트 홀스트[Henriëtte Roland Holst, 1869-1962])과 오직 도덕적 그리고 경제적 수단들을 통해(판 에이던) 또는 세상 인생에 더 밀접하고 더 폭넓은 관계 속으로 들어가 시대에 맞는 양식을 추구함으로써(A. 펄베이) 사회를 위한 행복을 기대했던 사람들 사이에 차이점이 있었습니다.

3) 사회 운동의 등장

나아가 새 시대의 징조로서 사회 운동의 등장이 특별히 관심을 끌었습니다. 네덜란드에서 이런 사회 운동을 위한 준비가 1856년 암스테르담에서 이미 조직된 '새벽'(De Dageraad)이라 불리는 단체에 의해 시작되었습니다. 이 단체는 자유로운 사상의 촉진을 목표로 삼았으며 716개 지회에 1,200명의 회원이 있었습니다.

물타툴리(Multatuli, 본명: Eduard Douwes Dekker, 1820-1887)는 1860년에 『막스 하벌랄』(Max Havelaar)[30]을 출간했는데, 이후로 그의 선호하는 주제는 기독교와 교회, 자본자 계급과 자유주의였고 신랄한 풍자와 날카로운 비평을 통해 네덜란드의 젊은이들에게 엄청난 영향을 행사했습니다. 이후 네덜란드 사회 운동은 1869년 이래 암스테르담과 다른 곳에서 조직되어 노동자 계급의 해방을 목표로 한 '노동자 동맹'의 특정 부분에 의해 한층 더 나아갔습니다.

물타툴리

---

30 물타툴리의 소설로서 네덜란드의 식민지 정책을 비판했다. 막스 하벌랄은 이 소설의 주인공 이름이기도 하다.

그러나 이런 사회 운동은 여러 사람 중에 판 후턴(Samuel van Houten, 1837-1930), 켈데이크(Arnoldus Polak Kerdijk, 1846-1905), 페컬하링(Baltus Hendrik Pekelharing, 1841-1921) 같은 자유당의 일부 당원이 사회적 입법에 대한 열의를 보였을 때만 처음으로 공적 중요성을 가졌고, 1871년에는 B. H. 헬트(Bernardus Hermanus Heldt, 1841-1914)를 의장으로 하는 '네덜란드총노동자연맹'(General Netherlands Labor Union)이 국제주의자들에 대항하는 반응으로 조직되었습니다.

이 연맹은 1873년 암스테르담에서 조직된 '인내'(Volharding)라 불리는 '철강노동자연맹'에 기원을 둔 사회적 그룹과 곧장 분쟁을 일으켰습니다. 이들은 고타(Gotha)에서 수용된 사회적 프로그램의 방향성 내에서 '총노동자연맹'이 더 한층 밀고 나아가기를 원했습니다. 일이 풀리지 않자 그들은 스스로 네덜란드의 최초라 할 만한 '사회민주주의연맹'을 만들었는데, 이는 다른 사람들에 의해 곧장 모방되었고 1881년에는 이들과 연합하여 하나의 총괄 기구가 되었습니다.

뉴원하우스

이 사회 민주주의 운동은 페얼디난트 도멀라 뉴원하우스(Ferdinand Domela Nieuwenhuis, 1846-1916)에 의해 큰 지지를 받았습니다. 그는 오랫동안 루터파 설교자였지만 1879년에 이 직분을 내려놓고, 모든 힘과 시간을 사회주의 복음을 설교하는 일에 헌신했습니다. 그는 인상적인 외모, 교감적인 목소리, 종교색의 연설 그리고 1879년 4월 1일에 창간한 「모두를 위한 정의」(*Recht voor Allen*)라는 출판물을 통해 큰 성공을 거두었습니다.

일찍이 1887년에 그는 스호털란트(Schoterland) 선거구의 하원 의원으로 선출되었습니다. 그러나 그는 자신의 정치 경력 내에서 많은 실망을 경험했고, 1891년 재선되지 않자 모든 의회 업무를 내려놓았습니다. 그의 협력자 판 델 후스가 1891년 12월에 연맹회의에 참석했고, 그가 등장한 가운데 의회 사회주의와 혁명적 사회주의 사이의 분쟁이 시작되었습니다.

혁명적 사회주의는 「모두를 위한 정의」(*Recht voor Allen*)를 그들의 기관지로 그리고 도멜라 뉴윈하우스를 지도자로 유지하면서 계속 존재했습니다. 그러나 혁명적 사회주의는 도멜라 뉴윈하우스가 무정부주의로 넘어가서 자유사회주의당을 조직했을 때 지도자를 잃게 되었습니다.

반면 의회 사회주의자들은 소위 말하는 열두 사도(P. J. 트룰스트라[Pieter Jelles Troelstra, 1860-1930] 등)의 리더십 아래 1894년 8월 26일 즈볼러에서 '사회민주주의노동당'과 연합했고, 처음부터 조직을 만드는 일과 정치 활동에 헌신했습니다. 1897년에 처음으로 상원 의원 선거에 참여했고, 13,000표를 확보했으며 후보자 중 세 명이 당선되는 것을 보았습니다. 이 신생 정당은 매번 반복되는 선거에

트룰스트라

서 표를 얻음으로써 그 존재를 증명해 보였습니다. 1913년 마지막 선거에서 그들이 낸 후보자들이 거의 144,000표를 얻었으며 18명의 의원을 의회로 보냈습니다(나중에 두 명으로 줄어들었습니다).

4) 사회 운동의 한계

사회 운동의 중요성은 배타적으로 또는 심지어 원리적으로도 사회 민주주의의 놀라운 성장에 있지 않고, 오히려 우리가 지금 목격하는 대로 사회 자체의 걸출한 발전에 있으며, 사회 민주주의는 이에 대한 많은 증거 중 하나일 뿐입니다.

사회는 정신적으로 그리고 물질적으로 날마다 변화에 종속되어 있는데, 학문(예를 들어, 종족, 문화, 언어, 종교, 도덕 등의 역사)의 급속한 진전을 통해

모든 안전은 덧없는 것으로 드러나고 아무도 우리가 어디로 표류하고 있는지 알지 못합니다. 그러므로 사회주의는 노동자라는 하나의 계층이 아니라 모든 계층, 농부, 기술자, 상인, 교사 및 사무원 그리고 사회의 모든 진영에 있는 남자와 여자 및 어린이에게 영향을 미칩니다. 사회주의는 하나의 진영만이 아니라 모든 진영과 사조에 관계됩니다.

지난 세기에 사람들은 "자유"가 행복의 문을 여는 마법의 단어이며, 사회는 자체적으로 그 자신을 구하고 모든 것을 질서 있게 만들 것이라는 희망을 오랫동안 고이 간직할 수 있었습니다. 그러나 그들이 사회 자체를 조사하고 연구하기 시작했을 때, 환영(幻影)은 곧 어지럽혀졌습니다.

문화는 자체의 이점을 가졌지만, 그것 역시 결점을 지녔습니다. 범죄는 줄어들지 않았습니다. 감옥은 비워지지 않았습니다. 술과 매춘의 희생자는 수천에서 수십만에 달했습니다. 이기주의와 폭력, 배금주의와 과잉이 정의와 자비를 이기고 승리했습니다. 어디서든지 칭송은 탄식으로 대체되었고, 자유방임은 사회적 정치를 위한 길을 마련해야 했습니다.

네덜란드에서 사회적 입법은 노동자들의 결속을 금지하는 법안의 폐기와 함께 1877년에 시작되었습니다. 이는 1874년의 "어린이 노동법", 1897년의 "노동회의소법", 1900년의 "의무교육법", 1901년의 "재해법", 1907년의 "노동계약법", 1901년의 "채석공법"의 수용과 함께 진보했으며, 곧 환자, 장애자, 노인을 위한 법의 제정을 기대하고 있습니다.

이런 괄목할 만한 국정 변화가 결코 모든 사람이 기쁨으로 반겨 맞을 일이 아님은 말할 필요가 없습니다. 근본적인 주제들이 다루어지는 한, 연합할 수 있으나, 정책의 급진적인 교정과 관련하여 쉽게 분쟁을 일으킬 만한 보수적 및 진보적 요소들이 각 정당 내에서 꾸준히 증가하고 있습니다. 그리고 그러한 교정은 헌법 수정안과 참정권 확대, 군사 문제와 사회 입법이 고려될 때마다 스스로를 드러냅니다.

5) 사회 운동의 분열

심지어 톨베커 2기 내각부터 자유당 내에 진보주의자들과 반진보주의자들 사이에 불화가 있었습니다. 이런 불화는 탁 판 폴트플리트(Johannes Pieter Roetert Tak van Poortvliet, 1839-1904)가 제안한 "선거권 확대 법안"에 의해 야기된 충돌과 분쟁 속으로 들어갔고, 결국 세 그룹으로 분리되었습니다. 보수적인 옛 또는 자유로운 자유당원들, 진보적 연맹 자유당원들 그리고 급진적 민주당원들입니다.

1880년의 자유대학, 1887년의 "애통" 운동, 로마가톨릭과의 협력, 민주주의적 경향 그리고 1894년의 선거권 확대에 관련된 다양한 의견의 결과 속에서 여러 기독교-역사 진영은 우익에 합류하기 위해 반혁명당원들로부터 자신들을 분리시켰습니다. 그리하여 대부분이 A. F. 더 사포닌 로만의 리더십 아래 「네덜란드인」(*Nederlander*)을 기관지로 가지면서 '기독교 역사당'과 연합했습니다.

카이퍼 박사는 좌익으로 넘어간 사람들 때문에 자신이 추구하는 민주주의를 충분히 확장시키지 못했는데, 이들은 결국 분리되어 조직을 구성했습니다(1905년 스탈만[Andriks Popke Staalman, 1858-1938]의 기독교 민주당, 1907년의 기독교 사회주의 연맹, 1913년의 기독교 사회당). 스카에프만 박사의 등장 이후 수년 동안 가톨릭 정당 또한 큰 차이점들이 존재했습니다.

스카에프만을 따라 그의 민주주의적 경로를 걸어가는 사람들과 틸벌호(Tilburgh)의 의원 발만(Bernardus Marie Bahlmann, 1848-1898)의 주위에 몰려들어 자유당원과 협력하던 날의 옛 전통을 명예스럽게 여기면서 칼빈주의자들과의 연합 안에서 새로운 개혁에 별로 가치를 두지 않는 사람들 사이에 그런 차이점들이 있었습니다.

비록 이 진영들은 1897년 5월에 스카에프만 박사에 의해 만들어진 계획의 기초 위에서 그리고 1904년에 조직된 총 연맹의 리더십 아래 모든 로마가톨릭 유권자들의 총 협회 내에서 다시 함께 모였지만, 옛 반대 세력은 지속적으로 존재했고 때때로 군사 문제, 선거, 수입 및 재산세, 보험 법안 등에 있어서 그 정체성을 드러냈습니다.

심지어 사회주의자들은 그들 자신 가운데 평화를 유지할 수 없었고 오히려 마르크스주의(Marxism)[31] 또는 수정주의(Revisionism)[32]에 관한 질문 위에서 분할되었습니다. 비록 모든 노력이 일시적 합의에 이르기 위해 가능했지만 그리고 이런 노력들이 약간의 성공을 거두었지만 베인코프의 리더십 아래 '사회민주주의노동당'(Sociaal-Democratische Arbeiderspartij, SDAP)으로부터 1909년에 한 작은 그룹이 분리되었습니다. 이들은 「민권 옹호자」(*The Tribune*)를 기관지로 가졌으며 '사회민주당'(Social Democratic Party, SDP)이라는 이름하에 독립해서 나아갔습니다.

6) 공공 복지에 애쓰는 사회 기관

정당들의 사회적 노력은 그들을 정치에만 가두지 않고 오히려 사회 자체내에 더욱 분명하게 나타납니다. 여기에서 우리는 노동연맹들을 만납니다. B. H. 헬트를 회장으로 하여 1871년에 설립된 '네덜란드총노동연맹',

---

[31] 마르크스주의는 인간 사회가 생산 수단을 제어하는 특권 지배 계급인 자본가들이 노동자 계급을 착취하는 계급 투쟁으로 얼룩져있으며, 근본적으로 불공정한 이러한 경제 상황 때문에 인간이 상대방과 자연과 자신의 근본 본질과 멀어지는 결과를 낳았다고 주장한다. 마르크스주의는 이러한 상황이, 자유롭고 철저히 평등한 인간 사회가 특징인 유토피아 시대로 바뀔 날을 바라본다. 그러나 그러한 사회는 노동자 계급이 자신의 압제자들을 상대로 하는 투쟁을 통해서만 가능하다. 마르크스주의는 어느 사회든지 사회경제 구조가 그 사회의 기본적인 가치관, 법, 관습, 신념을 좌우하며, 그러므로 윤리 체제는 계급의 이익을 반영한다고 선언한다. 그러므로 마르크스주의 윤리학은 세상을 바꾸려는 목적과 더불어 노동자 계급의 행복 증진을 추구한다. 스탠리 J. 그렌츠, 제이 T. 스미스, 『윤리학 용어 사전』, 이여진 역 (고양: 도서출판 100, 2018), 42.
[32] 수정주의(修正主義)는 기존 사상을 해당 사상의 전통적 입지에서 벗어나 다른 방향으로 개량, 변질, 수정하는 행위 또는 그러한 이념을 말한다.

K. 카터(Klaas Kater, 1833-1916)에 의해 1876년에 조직된 '기독교노동자협회', 더 피설(Johannes Theodoor de Visser, 1857-1932)의 리더십 아래 설립된 '기독교국가노동연맹', W. C. 파스톨스(Willem Caspar Joseph Passtoors, 1856-1916)에 의해 1888년에 조직된 '로마가톨릭인들의연맹', 개신교 기구, 로마가톨릭 기구 그리고 지속적으로 성장하고 있는 혼합 또는 중립적인 시민들의 기구들이 있습니다. 그리고 더 나아가 사방에서 조직되고 있는 사회국, 강좌 그리고 학회들이 있습니다.

1899년 이래 암스테르담에서는 사회적 자문을 위한 중앙 관리국이 존재해 왔습니다. 기독교 개신교인들에 의해 1891년에 수도에서 사회 문제를 다루는 회의가 개최되었는데 머지않아 다른 회의가 뒤따를 것으로 기대됩니다. '가톨릭사회행동'(Catholic Social Action)은 이미 존재하는 이런 류의 협회들을 분주하게 조직하고 그것들을 라이덴에 설립된 중앙 관리국의 통제 아래에 둔 로마교인들에 의해 움직이게 만들었습니다.

그리고 다양한 학교가 서로 경쟁하게 하는 인정 많고 자비로운 모든 노력이 여기에 추가되어야 합니다. 또 사회의 더 큰 호의를 받는 구성원들이 덜 복된 사람들에 대하여 가진 동정의 훌륭한 증거를 제공해야 합니다.

이런 노고를 여기에서 소상하게 설명하는 것은 논외의 일입니다. 가톨릭과 개신교 양 진영에서 이전 세기에 자선 행위가 넘쳐흘렀던 것처럼, 합리주의적이고 혁명적인 시기 내에서 쇠락을 경험한 후 신앙 부흥 운동 안에서 자선 행위가 되살아났습니다.

자선 행위가 발 디디지 않고 떠난 지역은 찾아보기 힘듭니다. 모든 필요를 위해, 모든 종류의 협회가 존재합니다. 연약하고 결함 있는 사람들을 위한 양육과 돌봄을 위해 국가 전체를 통틀어 기관들이 생겨났습니다. 사회는 태어나서 죽고 장사될 때까지 모든 궁핍한 사람에 대한 보다 무거운 책임을 지속적으로 짊어집니다.

7) 교회의 역할

이런 모든 자선과 박애가 악을 치료하기에 부적당하다는 것이 어느 정도 분명하게 인식됩니다. 왜냐하면, 사회는 그 자체의 기초 위에서 흔들리고, 무엇보다 사회가 생존하고 발전하고 인도받기 위한 원리들과 규정들이 필요하기 때문입니다. 모든 문명 사회와 문화의 부요함 가운데 현 세대에 결핍된 것은 신념의 견고함과 믿음의 확실성입니다.

말할 것도 없이, 이 지점에 교회의 순수하고 거룩한 사명이 놓여 있습니다. 왜냐하면, 교회는 네덜란드에서 종종 거부되었지만 그럼에도 불구하고 상당히 훌륭하고 복된 힘을 형성하기 때문입니다. 1909년 12월 31일의 마지막 인구 조사는 아래의 표와 같습니다.

구분	신자(명)	비율(%)
네덜란드국교회	2,588,261	44.18
왈론개혁교회	9,660	0.16
항변파 교회	27,550	0.47
기독개혁교회[33]	55,720	0.95
메노나이트	64,245	1.10
복음주의 루터교회	81,883	1.40
복원 루터교회	15,867	0.27
개혁교회[34]	491,451	8.39

---

[33] 이는 애통 측과의 연합에 가담하지 않고 잔류한 당시 기독개혁교회(Christelijke Gereformerde Kerken, CGK)의 교인 수를 말한다.

[34] 이는 분리 측과 애통 측의 연합으로 이루어진 당시 네덜란드개혁교회(Gereformeerde Kerken in Nederland, GKN)의 교인 수를 말한다. GKN의 추후 분리와 통합을 보여 주는 간단한 도표는 다음을 참조하라. 헤르만 바빙크, 『바빙크 시대의 신학과 교회』, 63. GKN에서 1944년에 분리한 개혁교회 해방파(GKV)의 근래 병합에 대한 소식은 부록 3을 참조하라.

로마가톨릭	2,053,021	35.05
옛 로마가톨릭	10,082	0.17
네덜란드 유대인	99,785	1.70
포르투갈 유대인	6,624	0.11
소종파 교회	63,008	1.08
교회 비회원	290,960	4.97
알 수 없음	208	0.00
계	5,858,175	100

교회는 다른 단체를 뛰어넘는 이점들을 가집니다. 교회는 오랜 과거에 뿌리내린 것이며, 자녀들은 날 때부터 교회로 가고, 가장 깊고 가장 끈질긴 종교적 신념을 발달시킵니다. 그리고 근래에 교회는 사명에 대한 보다 깊은 인식을 가지게 되었고 복음 전도, 가정 선교, 모든 종류의 박애 사업을 열정적으로 수행해 왔으므로 이 점에 대해 기뻐할 만합니다.

교회는 살아 있고 19세기 속에서 새로운 번영을 맞이하여 영향력을 발휘해 왔습니다. 외적으로 보면 건립된 교회 건물의 숫자가 그 증거입니다. 로마가톨릭뿐만 아니라 특별히 네덜란드국교회로부터 분리된 개혁파에 의해 18세기 후반기에 세워진 교회들이 눈에 띕니다. 그리고 더 나아가 모든 선교 인쇄소와 자선 기구가 강력한 종교 생활의 증거를 제공합니다.

8) 교회의 분열과 유대인의 결속

이에 반하여 기독교, 특별히 개신교회 내에서의 큰 분열은 슬프게도 복음 증거의 힘을 약화시키고 마음과 양심에 미치는 영향을 감소시켰으며, 때때로 일치를 위한 시도에 의해 이득을 얻기보다는 해를 입었다고 말할 수밖에 없습니다.

심지어 지난 60년 동안 로마가톨릭마저 숫자적으로 꾸준히 감소했습니다. 1849년에 그들은 38.15퍼센트를 차지했지만, 1909년에는 단지 35.05 퍼센트[35]를 차지했는데 이는 3.10[36]퍼센트가 줄어든 것입니다. 그리고 이러한 감소는 숫자뿐만 아니라 내적 힘에도 관련됩니다. 적어도 일부 지역에서는 개신교만 아니라 심지어 로마가톨릭교회도 믿음의 쇠퇴, 성례의 무시, 불신자와의 결혼 등으로 불평할 때가 있습니다.

최근의 통계 조사는 교회에 속하지 않는다고 선언한 사람들의 숫자가 인구의 4.97퍼센트를 상회한다는 중요한 사실을 밝혀 주었습니다.

1879년에는 단지 약 12,253명의 사람들이 교회에 등록되지 않은 사람들이었습니다. 그러나 1909년에는 그런 사람들이 290,960명이었는데 30년 동안 0.31퍼센트에서 4.97퍼센트로 1,500퍼센트 이상 증가한 것입니다. 이처럼 무종교의 사람들이 "현대주의"에 처음부터 많은 동정심을 보여줬던 유대인들 가운데 상당수 발견될 가능성이 전혀 없지 않습니다.

유대인들 가운데 공적인 공동체 생활은 분명히 무엇보다도 정통성을 유지했고 그리하여 모든 심각한 분열을 막았는데, 이는 의심의 여지없이 1870년에 분리된 기구로 인정된 양 교회 교단, 이른바 네덜란드 유대인 및 포르투갈 유대인의 탁월한 조직, 또한 랍비들의 영향, 특별히 두널(Joseph Hirsch Dünner, 1833-1911) 박사의 체계화 노력에 기인한 것이라 할 수 있습니다. 두널 박사는 1863년부터 네덜란드 유대인신학교 총장이었고, 1875년부터 1911년 그가 죽을 때까지 또한 북 홀란트의 수석 랍비였습니다.

두널

---

35 원문에는 35.02%로 기재되어 있으나 표의 수치와 비교할 경우 35.05%가 정확하다.
36 원문에는 3.13%로 기재되어 있으나 3.10%가 정확하다.

유대인의 개인 및 가족 생활 모두에서 종교적 및 도덕적 향상을 도모하려는 지역의 모든 활동을 일치와 협력에 의해 효율을 높이려는 목적으로 프리슬란트의 수석 랍비인 루덜스헤임(Samuel Azarja Rudelsheim, 1869-1918)에 의해 "중앙 기구"가 설립되었습니다.

시온주의(Zionism)[37]는 네덜란드에서도 발견되지만 온건한 호의만을 받았고 순수하게 국가적인 시도 가운데 실제적으로 종교적 이상을 품지는 않습니다. 그러나 유대인 의식의 부흥이 언젠가는 사실 유대교의 정신을 구성하는 종교적 이상의 회복을 위한 길을 열 것이라는 가능성은 전적으로 부인될 수 없습니다.

사람은 결국 마음의 믿음을 가지지 않고는 살아갈 수 없습니다. 만일 어떤 사람이 젊은 시절의 종교를 잃어버린다면 어떤 방식으로든 보상을 추구합니다. 다른 나라들뿐만 아니라 네덜란드도 이 점에 대한 강력한 증거를 제공합니다. 각종 세계관 그리고 인생관은 호사스럽게 넘쳐나고 종교와 철학의 대체물들은 나날이 증가합니다. 약속되지 않았지만 크게 갈망했던 땅으로 이동하는 많은 사람에게 특별히 세 가지 방식이 있습니다.

9) 마음의 믿음을 대체하는 방식

(1) 사회 운동

마음의 믿음을 대체하기 위해 사회를 위해 일하는 것을 사명으로 스스로 취하는 일부 사람들이 있습니다. 예를 들어, 19세기 말에 사회 운동이 성장했고 모든 종류의 악한 상황과 슬픔이 밝혀졌을 때, 많은 젊은이, 특히 학생들이 감명을 받았으며 이런 질문을 스스로에게 던졌습니다.

---

37 시온주의 지지자들은 시온주의를 '디아스포라 민족주의'라고 묘사하며 유대인의 자결을 완성하는 민족 해방 운동으로 여긴다.

우리는 사람들을 위해 그리고 그들의 필요를 위해 생애 속에서 무엇을 할 수 있는가?

그들은 사회적 정의를 위해 말과 행위에서 분투하기로, 계층 차이를 완화하기로 그리고 사회 개선을 위해 함께 일하기로 결정했습니다. 프리슬란트에서 사회주의가 결실 있는 토양을 발견했는데, 일단의 설교자들이 등장하여 "즐거운 세상"(De Blijde Wereld)이라는 기치 아래 조직을 갖추었고, 1902년에 사회민주당에 가입했습니다.

다른 사람들은 이러한 사회 개선의 수단들을 불만족스러운 것으로 간주했는데, 왜냐하면, 그런 것들은 질병의 뿌리에 영향을 미치지 않고 사람의 마음속에 있는 이기심을 그대로 놔두었기 때문입니다. 그들은 톨스토이(Lev Nikolayevich Tolstoy, 1828-1910)의 본보기를 따라 단순하고 순수한 삶이 각 개인에 의해 실천되어야 한다고 주장했습니다. 그리고 그러한 순수한 삶은 채식주의, 완전 금주 및 금연, 반(反)군사주의, 반(反)생체 해부 그리고 동물 보호를 포함했습니다.

1897년 이후 그들은 펠릭스 올트(Felix Louis Ortt, 1866-1959)의 편집 리더십 아래 반월간지 「평화」(De Vrede)를 통해서 이런 사상들을 전파했습니다. 이는 낡고 부패한 사회를 떠나 작은 식민지에 새로운 공동체를 세우려는 노력이 한 걸음 더 나아간 것이었습니다. 그런 노력은 도로우(Henry David Thoreau, 1817-1862)의 수필집 『숲속에서의 삶』(Life in the Woods)의 영향 아래 1898년 블라리쿰(Blaricum)에서, 특히 프레데릭 판 에이던(Frederik van Eeden, 1860-1932) 박사에 의해 부숨(Bussum) 근처 발던(Walden)에서 시도되었는데, 에이던 박사는 이 시도에 실망하여 자신의 개혁 사상을 전파하고자 미국으로 건너갔습니다. 비교적

판 에이던

작은 이런 그룹들은 종교적·윤리적 삶의 심화 없이 사회 개혁이 가능한 것으로 고려하지 않았다는 점에 의해 특징지어질 수 있었습니다.

또 이들 개혁자들은 위에서 언급한 기독교 사회주의자들처럼 사회주의와 종교의 합일을 추구합니다. 그리하여 그들은 현대의 삶 속에서 새롭게 일깨워진 필요에 부응합니다. 왜냐하면, 이전 시기의 합리주의 이후 각 방면에서 종교와 신비주의의 부흥이 목격되기 때문입니다.

우리는 이 점에 대한 증거를 여러 사람들 중에 판 에이던, 클로스(Willem Kloos, 1859-1938) 그리고 펄뷔(Albert Verwey, 1865-1937)의 문학 내에서 발견합니다. 예술 내에서 인상주의는 표현주의에 의해 밀려났습니다. 표현주의는 현실의 재현에는 별로 관심이 없고, 오히려 마음에서 나오는 새로운 예술을 창조하기를 갈망합니다. 이에 해당하는 사람들은 마티아스 마리스(Matthijs Maris, 1839-1917), 핀센트 판 호흐(Vincent Willem van Gogh, 1853-1890) 그리고 토롭(Jan Toorop, 1858-1928)입니다.

판 호흐　　　토롭

이에 상응하는 것이 과학에서 모든 것을 심리학적으로 설명하고 이해하려는 노력 속에서 발견되었습니다. 정치 영역에서도 콘스탐 교수의 리더십 아래 새로운 종교민주당이 종교의 필요성에 대한 이런 느낌의 증거를 제공합니다. 종교민주당은 "우익" 진영의 동맹 정치에 강하게 반대하는 위치에 자신을 세우지만 그럼에도 불구하고 종교와 정치 사이의 합일을 인식하고 세워 나갑니다.

심지어 사회주의도 사회주의 신봉자들을 위한 일종의 종교로 다년간 봉사했습니다. 마르크스(Karl Heinrich Marx, 1818-1883)와 그의 추종자들은 그들이 사람들에게 아편과 같은 종교를 폐기할 수 있을 것이라고 생각했습니다. 왜냐하면, 사회주의는 육신과 영혼에서 사람을 만족시킬 것이라고 보았기 때문입니다.

그러나 이제 이 구원은 지체 중이고 덜 환상적으로 생각되기 때문에 종교에 대한 이전의 경멸은 독일과 또한 네덜란드 내의 많은 사회주의자 가운데 종교에 대한 더 높은 인식으로 대체되고 있습니다. 1912년 봄에 조직된 사회주의연맹은 종교 내에서 선을 위해 싸우고 방어하기 위한 목적을 가진 단체로서 암스테르담에서 지난 가을에 종교적 사회주의 회담을 실시했는데, 많은 사람이 참석했고 지난 겨울 동안에도 반복해서 열렸습니다.

많은 사람 사이에 사회적 기독교에 대한 열망이 있는데, 그들의 관심 속에서 작년[38] 9월에 취리히(Zurich)에서 회담이 열릴 예정이었으나 전쟁[39] 때문에 개최되지 못했습니다.

(2) 오컬트

기독교에 대한 보상을 추구하는 사람들은 다른 경로를 취했습니다. 이들은 비학(祕學), 심령주의, '크리스천 사이언스'(Christian Science) 또는 신지학(神智學)에서 그리고 종종 많은 경우 마법, 마술, 점성학에서 그리고 다른 모든 종류의 미신에서 그런 경로를 취했습니다.

---

38 이 책의 출판 연도인 1915년을 기준으로 보면 작년은 1914년에 해당한다.
39 제1차 세계대전(1914-1918)을 말한다.

1876년 이후로 심령주의는 엘리서 판 칼카(Elise van Calcar, 1822-1904)의 정기간행물 「두 세상의 경계 위에서」(On the Borders of Two Worlds) 그리고 네덜란드 개혁파 설교자 D. P. M 후트(Dammes Pierre Marie Huet, 1827-1895)의 출판물로 기독교 심령주의에 집중한 「영생」(Eternal Life)지에 의해 유포되었습니다. 「영생」지는 1887년까지 출간되었습니다. 그때 이후로 이 기독교 심령주의는 광범위하게 촉진되었고 오늘날에는 유물론에 대한 반박으로, 영적 세계의 증거로 그리고 불멸, 영원한 보상 및 하나님의 존재에 대한 믿음의 지지로서 권장됩니다.

'크리스천 사이언스'도 적지 않은 영향을 미치는데, 이는 강력한 일원론으로 오직 하나의 생명과 생명 원리만을 알고 있고 죄, 질병, 죽음의 실제를 부인하는데, '크리스천 사이언스'에 따르면 이것들은 단지 상상 속에서만, 즉 의식의 오류 속에서만 존재하는 것입니다.

단연코 가장 큰 진보는 신지학(Theosophy)에서 이루어졌으며, 다른 곳에서처럼 네덜란드에서도 일부는 팅글리(Katherine Augusta Westcott Tingley, 1847-1929)[40]를 따르고 일부는 베전트(Annie Besant, 1847-1933)[41]를 따르는데 양 진영은 하나의 포괄적인 과학을 추구합니다.

과학은 지난 시대에 경험된 현상의 지식에 자신을 제한하거나 모든 실제가 경험된 현상 내에 포함되는 것으로 간주했지만, 신지학은 보이는 세계와 이승의 세계만 아니라, 보이지 않는 세계와 저승의 세계가 있고, 이들은 하나의 체계 내에서 파악될 수 있다고 믿습니다.

서양에서 과학이 물질 세계와 관련하여 특별히 물질 세계의 영원한 진화와 관련하여 밝혀 준 것들을 수용할 때, 그와 함께 영적 세계에 관하여 동양에서 진화되고 인도의 현자들에 의해 전달되었으며 블라바츠키(Helena

---

40 팅글리는 '미국신지학협회'를 이끌었다.
41 베전트는 영국의 사회주의자, 신지학주의자, 여성 인권운동가, 작가, 웅변가, 교육주의자, 자선가였다.

Blavatsky, 1831-1891)⁴²에게 계시되었거나 또한 자신의 경험을 통해 얻을 수 있는 지식과 서양 세계의 과학이 결합합니다.

그러므로 영지주의⁴³뿐만 아니라 신지학도 혼합적인 성격을 지니며, 세상의 흐름 속에서 각 사람, 각 종교 그리고 각 철학에 자리를 할당하고 또한 영원한 영적 세계를 통해 진화를 전달합니다.

(3) 철학

마지막으로 어떤 식으로든 철학적 체계 안에서 안식을 추구하면서 철학적 체계로부터 세계관과 인생관을 끌어내는 사람들이 일부 존재합니다. 최근에 그런 사람들의 수가 크게 늘었습니다. 수많은 곳에서 철학협회가 조직되었습니다. 1907년 이후로 철학에 대한 격월간지가 등장했으며, 철학에 대한 강의와 강좌가 큰 관심을 받았습니다.

스피노자⁴⁴주의와 신칸트주의 또한 여전히 대표들을 가지고 있습니다. 전자에 해당하는 사람은 특별히 메이어(Lodewijk Meyer, 1629-1681) 박사인데 그는 '스피노자하우스'(Spinoza House)라 불리는 협회의 중심인물로서 린즈부얼흐(Rynsburg)에 있는 스피노자의 집을 박물관으로 바꾸었습니다.

---

42 러시아에서 태어난 철학자로, '신지학협회'를 창설한 것으로 알려져 있다.
43 2세기 교회에서 특별하게 영향을 미쳤던 광범위한 초기 그리스 종교 운동. 영지주의자들은 초신자는 접근할 수 없는 은밀한 혹은 더욱 높은 단계의 지식을 열성 신자가 획득함으로써, 어떤 특별한 영적 깨달음을 얻는다고 믿었다. 또한, 영지주의자들은 물질 영역보다는 영적 영역을 강조하며 물질 영역은 악하므로 피해야 한다고 주장하는 경향이 있었다. 다음을 참조하라. 스탠리 J. 그렌츠 외 2인, 『신학 용어 사전』, 86.
44 스피노자는 근본적으로는 오직 하나의 실체만 존재하며, 그것은 우리에게 정신과 연장이라는 두 가지 속성을 통해 알려져 있으며 정확히는 하나님 또는 자연을 가리키는 것이라고 주장한 일원론자다. 우리가 자연이 하나님임을 이해한다면, 우리는 또한 일어나는 모든 일이 필연적임을 이해하게 된다. 우리가 세계를 영원의 측면에서 보며 일어나는 모든 것이 궁극적으로 선함을 받아들일 때, 참된 행복은 하나님에 대한 지적인 사랑에 있는 것이다. 스피노자는 자명한 공리와 정의로부터 정리를 증명하는 기하학적 방법처럼 철학을 해야 한다고 믿었다. C. 스티븐 에반스, 『철학·변증학 용어 사전』, 63.

그리고 K. O. 메인스마(Koenraad Oege Meinsma, 1865-1929), J. D. 비어런스 더 한(Johannes Diderik Bierens de Haan, 1866-1943) 등의 인물이 전자에 속합니다. 후자에 해당하는 사람은 콘스탐(Philipp Abraham Kohnstamm, 1875-1951) 교수, 오빙크(Bernard Jan Hendrik Ovink, 1862-1944) 교수, J. A. 레비(J. A. Levy), L. 폴락(Leonard Polak, 1880-1941) 박사 등이 있습니다.

하지만, 철학적 삶의 주요 흐름은 다른 방향으로 가고 있습니다. 그 중에서 1890년 이후 흐로닝언대학의 교수인 헤이만스(Gerardus Heijmans, 1857-1930) 교수의 물리적 일원론, 1896년에 라이던에서 란트(Jan Pieter Nicolaas Land, 1834-1897) 교수의 뒤를 이은 볼란트(Gerardus Johannes Petrus Josephus Bolland, 1854-1922) 교수의 헤겔주의[45]가 있습니다.

헤이만스

이 두 철학자들 사이에는 상당한 차이점이 존재합니다. 헤이만스는 경험적 방법, 정신물리학적 측정, 통계 자료 그리고 밀접한 연구의 온건한 옹호자입니다. 이에 반하여, 볼란트의 목적은 이 세대의 지각(知覺)에 헤겔의 철학이 이해될 수 있도록 하는 것이었고, 그리하여 이성을 참 실제로서 모든 세상에 다시 인식시키는 것이었습니다. 전자는 다수로부터 나아가고 다른 한쪽은 하나로부터 나아갑니다.

헤이만스는 무엇보다도 경험적 심리학자였는데 자신의 철학을 밀접한 관찰에서 발견했고 자신의 스승 란트에 동의하여 숭배로서의 종교가 아니라, 통상적인 종교적 신념을 위한 자리를 남겨 둡니다. 볼란트는 실제 마

---

45 실재 전체는 절대 정신(하나님과 동일시됨)의 점진적인 전개로 간주된다. 헤겔은 인간 역사를 절대자가 자기 의식을 생성하는 장소로 보았다. 그리고 그는 근대 자유 국가를 절대 정신이 최상의 형태로 구현된 것으로 보았다. 그가 보기에 근대 자유 국가는 예술, 종교, 철학(절대 정신의 세 가지 형태)이 번영할 수 있는 윤리적 공동체였다. C. 스티븐 에반스, 『철학·변증학 용어 사전』, 141.

음속으로는 신학자인데 종교와 기독교를 자신의 철학적 사상에 포함시킵니다. 그리고 헤겔처럼 그것들을 고귀한 사상의 상징적인 표현으로 인정하고 인식하려고 노력합니다.

볼란트

결국, 양측의 형이상학 내에는 하나 이상의 일치점이 있습니다. 헤이만스는 정신적인 것만을 현실로 생각하고 모든 정신적인 개체를 가장 높고, 포괄적인 의식의 내용으로 간주하며, 볼란트는 전(全) 세상 속에서 그리고 그 안에 드러나는 모든 것 가운데 서로 교환 가능한 반대 과정을 통해 이치적으로 하나인 영원한 사상들의 실제화를 보기 때문입니다.

그러므로 양측은 비록 다른 토대 위에 서 있지만 미래에 대한 기쁜 소망을 품습니다. 헤이만의 사상에 따르면 심리학이 실제적인 과학이 될 때 그리고 정신적인 삶의 법칙이 우리에게 알려질 때, 심리학은 결국 우리 자신, 우리의 동료 그리고 세상에 평화를 가져오고 결국 모든 것이 좋아질 것이라는 소망을 성취합니다. 그리고 볼란트는 마음의 왕국이 본성적이고 영적인 삶의 경로를 따라 길을 다질 것이라고 기대합니다. 양측에 따르면 사람 안에 그리고 전(全) 세상 안에 큰 정신적 유기체, 진리, 자유 그리고 사랑의 왕국이 발전하고 있습니다.

그러므로 네덜란드를 포함하여 모든 측면에서 오늘날 발견되는 기대의 혼란 속에서 마침내 이중적인 일치가 나타납니다. 다시 말해, 결국 이 어두운 세상이 사상과 개념 속에서 기원했다는 신념의 일치, 빛이 마침내 어둠으로부터 나올 것이라는 소망의 일치입니다. 그리고 이것은 세대를 이어 살아가도록 사람에게 영감을 줍니다.

부록 1

타락과 죽음에 대하여[1]

1. 타락에 대하여

창세기 3장에 있는 타락의 역사에 대한 기원, 시대, 기록에 관한 질문은 여기서 논의될 필요가 없습니다.

첫째, 과학은 결코 인류의 가장 오래된 기원과 궁극적인 운명에 이를 수 없으며, 역사적 및 비평적 조사는 결코 이 역사의 진실성이나 오류를 증명할 수 없을 것이기 때문입니다.

둘째, 지금 우리 앞에 놓여 있는 그대로 이 역사는 이미 수 세기 동안 성경의 일부, 즉 구원 계시의 유기체 속에서 필수 불가결한 요소를 형성해 왔으며, 그렇게 유대인들에 의해 믿음 안에서 그리스도에 의해, 사도들에 의해 그리고 모든 교회에 의해 수용되어 왔기 때문입니다.

---

[1] 역주: 번역을 위해 사용한 원문의 서지 사항은 다음과 같다. Herman Bavinck, "Death" and "Fall", *The International Standard Bible Encyclopaedia Vol. II*, General Editor James Orr (Chicago: The Howard-Severance Company, 1915), 811-813(DEATH), 1092-1094(FALL). 원문에서 괄호를 사용하여 내주로 표기된 사항들을 독자의 편의를 위하여 각주로 돌렸음. 역자의 주는 '역주'로 표기하였음.

1) 창세기 3장의 의미

창세기 3장은 사람의 타락, 그의 원초적 무죄성의 상실 그리고 비참함, 특히 죽음에 대한 설명을 제공합니다.

사람이 죽음에 종속되어 온 것은 이성적으로 부인할 수 없습니다. 오피스파(Ophites),[2] 칸트(Immanuel Kant, 1724-1804), 쉴러(Johann Christoph Friedrich von Schiller, 1759-1805), 헤겔(Georg Wilhelm Friedrich Hegel, 1770-1831) 등의 견해는 창세기 3장이 사람의 자아 의식과 인격성을 일깨우는 것과 관련되고 (구약과 외경에서 아담을 보라), 그러므로 우리에게 타락에 대해 말하지 않으며 오히려 뚜렷한 진보를 말한다는 것인데, 이는 금지된 나무가 지닌 이름에 의해 반박됩니다. 왜냐하면, 그 이름은 단지 통상적인 방법으로 지식의 나무라고 사람에게 가리키고 있는 것이 아니라 상당히 특별하게 '선과 악에 대한' 지식의 나무라고 가리키기 때문입니다.

창세기 3장은 사람이 어떻게 자신의 벌거벗음과 성적 욕망의 개념을 얻었는지 그리고 어린아이 같은 무죄성으로부터 이런 관점에서 성인같이 성숙하게 변했는지에 관해[3] 우리와 전혀 관련성이 없습니다. 왜냐하면, 창세기에 따르면 사람은 장성한 모습으로 창조되었고, 돕는 자로서 즉시 아내를 얻었으며, 동시에 땅에서 생육하고 번성하라는 의무를 할당받았음을 보았기 때문입니다. 더욱이 성적 욕망이 무언가 죄악스럽고 벌 받을 일이라는 개념은 고대 이스라엘에게는 전적으로 이질적인 것입니다.

마지막으로, 창세기 3장에서 사람은 "세상에 대한 지적 지식, 사물들의 관계 속에 있는 사물들에 대한 형이상학적 지식, 사물들의 가치 또는 무가

---

2 역주: 기원 후 100년경 시리아와 이집트에 존재하였던 여러 영지주의 분파 중에서 구약성경의 창세기에 나오는 뱀이 영지(靈智)를 상징한다고 보았으며 이에 따라 뱀을 중요시하였던 다수의 분파를 통칭하는 낱말이다.
3 Eerdman's *De Beteekenis van het Paradijsverhaal*, *TT*, 1905, 485-511.

치, 사물들의 유용성 또는 해로움에 대한 지식"⁴을 얻어야 한다는 벨하우젠(Julius Wellhausen, 1844-1918)의 해석은 수용될 수 없습니다.

첫째, 창세기에 따르면 이것은 처음부터 사람의 독특한 영역이었기 때문입니다. 사람은 실로 땅을 정복하고, 지키고, 경작하고 동물들에게 이름을 지어주는 사명을 받았습니다.

둘째, 실천적인 지혜를 매우 높이 존중하는 이스라엘 백성 중에서 이런 지식의 습득은 타락으로서 또는 불순종에 합당한 형벌로 제시하기는 어렵기 때문입니다.

창세기 3장이 타락의 이야기라는 것 외에 다른 가능한 설명은 없습니다. 타락 이야기는 하나님의 명백한 명령에 대한 위반에 있는데, 그러므로 도덕적인 중요성을 지니며 따라서 회개, 수치, 두려움 그리고 형벌이 따릅니다. 창세기 3장의 문맥은 이런 해석을 모든 의심을 뛰어넘는 자리에 둡니다. 왜냐하면, 타락 이전에 사람은 하나님의 형상을 따라 지음받은 피조물로서 제시되고 낙원을 거처로 받으며, 타락 이후에 사람은 거친 세상 속으로 보내지고, 수고스런 삶과 슬픔으로 정죄되고, 홍수 심판 때까지 죄를 더욱 가중시키기 때문입니다.

2) 구약과 신약에 나타나는 창세기 3장

구약에서 실로 이런 타락의 역사를 얼마나 드물게 언급하는지 놀라울 따름입니다. 모든 성경비평에 따르면 타락 기사가 문헌에 기록된 때에 당

---

4 "die intellektuelle Welterkenntniss, die metaphysische Erkenntniss der Dinge in ihrem Zusammenhange, ihrem Werth Oder Unwerth, ihrem Nutzen oder Schaden," *Geschichte Israels*, 1878, 344.

시의 동일한 특색이 제시되는 것 때문에 타락 기사가 후대 기원을 가진다고 선언하는 데, 이것은 충분한 설명이 아닙니다. 예언서, 시편, 잠언은 결코 타락 기사를 인용하지 않습니다. 기껏해야 호세아 6장 7절과 전도서 7장 29절에 타락 기사가 암시적으로 발견될 수 있을 뿐입니다. 그리고 심지어 예수님과 사도들도 신약성경 속에서 창세기 3장에 호소하는 경우가 거의 없습니다.[5]

그러나 예언서, 시편 그리고 잠언은 단지 예외적인 방식으로 과거의 특별한 사실만 언급하고, 심지어 사도들도 예수님의 언행을 거의 인용하지 않으며, 이들 모두 계시 자체가 여전히 진행 중이고 그들 앞에 완성된 전체로 놓이지 않았던 시기에 살았던 것으로 간주될 수 있습니다.

이 점은 우리에게는 사뭇 다른 문제입니다. 우리는 어떤 의미에서 계시 밖에 있고 계시를 우리의 연구와 묵상의 주제로 삼고, 그 모든 부분을 함께 묶는 일치를 발견하기 위해 노력하고, 그리스도의 표상이자 대응 인물로서 아담에게 특별한 관심을 쏟습니다.

그러므로 사람의 창조와 타락은 구약과 신약의 저자들 가운데 그랬던 것 이상으로 우리의 사고 영역 속에 훨씬 더 넓은 자리를 점유할지도 모릅니다. 타락은 죄와 구속의 전체 성경적 교리의 조용한 추정이기는 하지만, 몇몇 모호한 구절에 의존하지 않고 구원의 계시 내에서 필요불가결한 요소를 구성합니다. 사람과 인류, 자연과 역사, 윤리적·물리적 악, 구속과 그 구속을 얻는 방식에 대한 전체적인 응시는 성경 속에서 타락과 연결됩니다. 마치 창세기 3장이 우리와 관련되는 것처럼 말입니다.

예를 들어, 죄는 모든 사람에게 통상적입니다.[6] 그리고 스스로의 이해에 따라 각 사람에게 통상적입니다.[7] 죄는 하나님의 분노를 일으키며 윤리

---

5 [요 8:44; 롬 5:12; 고전 15:22; 고후 11:3; 딤전 2:14.]
6 [왕상 8:46; 시 14:3; 130:3; 143:2.]
7 [창 6:5; 8:21; 욥 14:4; 시 51:7.]

적일 뿐만 아니라 물리적인 성격의 모든 유형의 형벌에 합당합니다.[8] 성경 전체는 죄가 죽음과 가장 근접하게 연결되어 있고 마찬가지로 순종과 생명이 그러하다는 사상으로부터 전개해 나갑니다. 새 하늘과 새 땅에서 모든 고통은 죄와 함께 그칩니다.[9]

그러므로 구속은 죄 사함[10]과 마음의 할례[11]라는 방식 안에서만 가능합니다. 그리고 이것은 더 나아가 생명, 기쁨, 평화, 구원을 포함합니다. 바울이 로마서 6장 12절과 고린도전서 15장 22절에서 아담을 죄와 사망의 기원으로 그리고 그리스도를 의와 생명의 원천으로 가리킬 때, 그는 계시의 유기체에 반대되거나 손실 없이 무시될 수 있는 개념은 아무것도 전개하지 않습니다. 그는 단지 계시 속에 명백하게 혹은 암묵적으로 포함된 자료들을 결합하거나 공식화할 뿐입니다.

3) 타락과 진화론

전승은 타락에 대한 성경 이야기의 확인과 설명에 별 도움이 되지 않습니다. 신화에 대한 연구는 여전히 황금기의 전설, 뱀에 대한 많은 사람의 비굴한 숭배, 동일하게 생명 나무에 대한 널리 퍼진 믿음에 포함될 수 있는 이상적 또는 역사적 가치를 결정하기에는 진전된 것이 별로 없습니다.

또한, 한 남자와 여자가 나무로부터 열매를 따고 있고 뱀은 여자의 뒤에서 몸을 꼬아 여자의 귀에 속삭이는 것으로 묘사된 문장(紋章)에서 드러난 바벨론의 진술은 G. 스미스(George Smith, 1840-1876), 르노르망(François Lenormant, 1837-1883) 그리고 프리드리히 델리취(Friedrich Delitzsch, 1850-1922)

---

8 [창 3:14-19; 4:14; 6:7, 13; 11:8; 레 26:14 이하; 신 28:15; 시 90:7 등].
9 [계 21:4.]
10 [시 32:1; 사 43:25 등].
11 [신 10:16; 30:16; 렘 4:4.]

가 성경의 낙원 이야기와 비교했을 때, 보다 세밀한 관점에서 유사점을 보이지 않습니다.[12]

그러나 간접적으로 사람의 타락에 대한 매우 강력한 증거가 세상과 인류의 전체 경험적 상황에 의해 제공됩니다. 한마디로 말해, 우리가 아는 대로 불의와 슬픔의 충만은 그런 사실을 수용하지 않고는 설명될 수 없습니다.

범법(ἀνομία)으로서 죄에 대한 성경과 양심의 증거를 확고하게 붙드는 사람은 그것을 창조로부터 연유할 수 없고, 오히려 하나님의 명령에 대한 위반과 함께 그러므로 의지의 행위와 함께 시작되었다는 결론을 수용해야 합니다. 피타고라스(Pythagoras of Samos, BC c. 570-c. 495), 플라톤(Plato, BC 428/427 또는 424/423 - 348/347), 칸트(Immanuel Kant, 1724-1804), 셸링(Friedrich Wilhelm Joseph von Schelling, 1775-1854), 바아더(Benedikt Franz Xaver Baader, 1765-1841)는 모두 이 점을 다소간 명확하게 이해했고 인식했습니다.

타락을 부인하는 사람은 창조에, 사물의 본성에 그러므로 하나님 자신에 기원을 가진 필연으로서 죄를 설명해야 합니다. 그는 사람을 의롭다 하지만 하나님을 고소하며, 죄의 성격을 잘못 전하며 죄를 영원하고 파기할 수 없는 것으로 만듭니다. 만일 죄악으로 떨어진 타락이 없었다면, 죄의 구속도 있을 수 없기 때문입니다. 그러면 죄는 단지 윤리적 중요성을 잃고, 사람의 본성적인 특성이 되며 근절할 수 없는 것이 되고, 나중에 이것은 타락을 진화론과 연합시키려는 많은 노력에서 나옵니다.[13]

이 모든 노력은 하나님의 율법인 죄의 객관적 기준을 한쪽에 세워 두고, 죄의 성격과 중요성을 죄책감에 의해 주관적으로 결정하도록 인도합니다.

---

12 A. Jeremias, *Das AT im Lichte des alien Orients*², Leipzig, 1906, 203.
13 참고. Tennant, *The Origin and Propagation of Sin*², 1905; A. S. Peake, *Christianity: Its Nature and Its Truth*, 1908; W. E. Orchard, *Modern Theories of Sin*, 1909; Francis J. Hall *Evolution and the Fall*, 1910.

이것은 결국 도덕적 이상에 대한 지식과 사랑에 다시 죄를 의존시키고, 죄는 그 자체로 도덕적 진보 속에서 중요한 인자를 형성합니다. 이 모든 노력의 힘은 동물에게서 사람이 나온다는 이론으로부터 연유되는 것이 사실입니다.

이 이론에 대해서 다음의 사실을 주목할 필요가 있습니다.

(1) 현재까지 그것은 가설이고, 직접적이든 간접적이든 어떤 단일한 관찰에 의해서 증명되지 않습니다.
(2) 독일, 벨기에, 프랑스 그리고 여러 곳에서 발견된 선사 시대 사람의 화석들은 그들이 살았던 곳의 문화의 저급함을 보여 준 것이지, 어떤 관점에서든 오늘날 인류와 그들의 차이점을 보여 준 것은 아닙니다.[14]
(3) 미개한 선사 시대 사람은 부당하게 소위 자연인이자 미성년 어린이와 동일시되는 만큼 그렇게 첫 사람과 동일시되지는 않을지도 모릅니다.
(4) 인류의 가장 오래된 역사는 지난 세기 바벨론에서의 발견들을 통해 알려졌는데, 야만적인 상태의 역사라기보다는 오히려 차원 높고 풍성한 문화의 역사였습니다.[15]
(5) 동물에게서 사람이 나온다는 이론을 보편적이고 무제한적인 규칙으로 받아들이는 것은 물리적 개념에서 또한 이성적, 도덕적, 종교적 개념에서 인류의 통일성을 부인하도록 인도합니다. 왜냐하면, 심지어 다윈 학파 내에서도 전통이 정신의 습관에 영향을 발휘할 때 오랫동안 인류의 통일성을 유지하는 것이 가능할 수 있기 때문입니다.

---

14 W. Branca, *Der Stand unserer Kenntnisse vom fossilen Menschen*, Leipzig, 1910
15 D. Gath Whitley, "What was the Prunitive Condition of Man?" *Princeton Theol. Review*, October, 1906; J. Orr, *God's Image in Man*, 1906.

진화론은 그 자체의 토대를 손상시키고 그 자체를 하나의 임의적인 견해로 드러낼 뿐입니다. 진화론의 관점에서 보면 사도행전 17장 26절의 "한 혈통"을 지지할 이유가 없을 뿐만 아니라, 첫 사람도 결코 존재하지 않습니다. 또한, 동물로부터 사람으로의 전환은 매우 느리고 연속적이었으며, 본질적인 구별은 발견되지 않습니다. 그리고 이 구별이 사라짐과 함께 도덕적 이상, 종교, 생각의 법칙 그리고 진리의 통일성도 실패합니다.

진화론은 모든 곳에서 절대자를 추방하고 필연적으로 심리주의, 상대주의, 실용주의 그리고 심지어 종교적 의미에서 문자적으로 다신교인 다원주의로 인도합니다. 다른 한편, 성경에서 가르치는 대로 인류의 통일성은 냉담한 물리적 질문이 아니라 오히려 중요한 이성적, 도덕적, 종교적 문제입니다.

인류의 통일성은 문명 전체 역사의 "가정"(假定)이며 거의 모든 역사가들에 의해 명시적으로 또는 암묵적으로 수용됩니다. 그리고 양심은 그것에 대한 증거를 지닙니다. 모든 사람이 그들의 마음에 새겨진 도덕법의 활동을 보이는 한, 그리고 그들의 생각이 서로 고발하거나 변명하는 한 말입니다.[16]

양심은 어떤 "역사의 원초적 사실"(Urthatsache der Geschichte)로서 타락을 반영합니다.

4) 타락의 특징

성경은 그 첫 페이지에서 인류의 상황과 역사가 우리를 생각하도록 인도할 수 없는 부분을 비극적인 사실로 우리에게 관련시킵니다.

---

16 [롬 2:15] 이런 이들은 그 양심이 증거가 되어 그 생각들이 서로 혹은 고발하며 혹은 변명하여 그 마음에 새긴 율법의 행위를 나타내느니라.

첫 사람은 하나님의 형상을 따라서 하나님께서 창조하셨습니다. 그는 야만적인 무의식이나 아이 같은 천진난만함 속에서가 아니라, 오히려 지각과 이성, 지식과 언어, 특별히 하나님에 대한 지식과 그분의 율법을 지닌 육체적 및 영적 성숙함 속에서 창조된 것입니다.

그리고 나서 하나님은 그에게 선악과를 먹지 말라는 명령을 더하여 주셨습니다. 이 명령은 도덕법 속에 포함된 것이 아니었습니다. 그것은 통상적인 명령이 아니라 단호한 명령이었습니다. 이 명령은 전적으로 그리고 오직 하나님의 뜻에 기초한 것이므로, 배타적으로 순종해야 했습니다. 이 명령은 사람이 하나님의 말씀에 신실하고 순종할 것인지 그리고 선이나 악에 관련된 결정을 오직 하나님께만 남겨 둘 것인지, 아니면 사람이 선이나 악을 제멋대로 결정할 권리를 그 자신에게 할당할 것인지에 대한 선택을 사람 앞에 두었습니다.

그러므로 질문은 이것이었습니다.

행복으로 가는 길은 신정주의인가 아니면 자율주의인가?

이 점 때문에 또한 그 나무는 선과 악을 알게 하는 나무라고 불렸습니다. 사람이 그 나무로부터 선과 악에 관한 경험적 지식을 얻을 수 있다는 개념에서 그 나무가 이 이름을 지닌 것은 아니었습니다. 왜냐하면, 사람은 범죄함으로써 실로 선에 대한 경험적 지식을 잃어버렸기 때문입니다.

그러나 그 나무는 그렇게 불렸습니다. 사람은 선악과를 먹음으로써 그리고 하나님의 계명을 그렇게 범함으로써 "자신의 행복을 얻을 수 있는 수단을 독립적으로 선택하는 능력"[17]을 스스로 사취했기 때문입니다. 신정주의는 자유로운 사랑으로부터 하나님께 순종하는 것으로서 자율주의의 개념과 가능성, 또한 자기모순까지 포함합니다.

---

17 "die Fdhigheit zur selbstdndigen Wahl der Mittel, durch die man sein Gluck schaffen will" Koberle, *Sitnde und Gnade im relig. Leben des Vollces Israel bis auf Christentum*, 1905, 64.

그러나 가능성을 현실로 바꾼 것은 자유로운 행위이며 따라서 사람의 죄책입니다. '왜 하나님께서 타락이 일어나도록 허용하셨는가'라는 질문만큼이나 '어떻게 하나님의 형상을 따라 창조된 사람이 타락할 수 있었고, 타락했는가'라는 다른 질문 속에도 풀 수 없는 문제가 마음에 남습니다.

죄의 기원에 대해 설명할 수 없다고 종종 표현되는 사상 속에는 상당한 진리가 있습니다. 왜냐하면, 죄의 기원은 논리적이지 않고 두 가지 전제로부터 연유된 결론[18]으로 귀착하지 않기 때문입니다. 그러나 사실은 잔인합니다. 논리적으로 불가능하게 보이는 것이 종종 실제로 존재합니다. 도덕적 삶의 법칙은 생각의 법칙과 다르고 기계적인 자연의 법칙과도 다릅니다. 아무튼 창세기 3장 속의 이야기는 심리학적으로 최고 수준의 충실함을 드러냅니다. 첫 사람 속에서 죄의 기원이 드러난 동일한 방식으로 우리 가운데 죄가 반복적으로 일어납니다.[19]

더 나아가 우리는 하나님께서 자신을 의롭게 하시도록 해야 합니다. 계시의 과정은 모든 세대를 통해, 하나님께서 어떻게 죄의 모든 전개 속에서 자신의 전능한 손 안에 죄를 붙들고 계신지 그리고 때가 차서 하나님께서 모든 것을 그리스도안에서 하나로 모으시는 섭리의 시간 속에서 완성을 위해 은혜를 통해 어떻게 일하시는지를 발견합니다.[20]

---

18 역주: 삼단 논법을 말한다.
19 [약 1:14-15] 오직 각 사람이 시험을 받는 것은 자기 욕심에 끌려 미혹됨이니 욕심이 잉태한즉 죄를 낳고 죄가 장성한즉 사망을 낳느니라.
20 [엡 1:10] 하늘에 있는 것이나 땅에 있는 것이 다 그리스도 안에서 통일되게 하려 하심이라. J. Orr, *Sin as a Problem of Today*, London, 1910.

2. 죽음에 대하여

1) 죄와 죽음에 대한 개념

창세기 2장 17절에 따르면 하나님은 자신의 형상을 따라 창조하신 사람에게 선악과를 먹지 말라는 명령을 주셨습니다. 그리고 "네가 먹는 날에는 반드시 죽으리라"는 경고를 덧붙이셨습니다. 비록 여기에만 나오는 것은 아니지만 육체적 죽음에 대한 언급은 분명히 여기에서 처음 등장합니다.

죽음은 아담과 하와가 범죄한 그날에 결코 임하지 않았고, 오히려 수백 년 이후에 일어났기 때문에 "먹는 날에는"이라는 표현은 넓은 의미에서 이해되거나, 자비에 따라 죽음이 지연된 것으로 생각되어야 합니다.[21]

창세기 2장 17절은 사람의 죽음과 하나님의 계명에 대한 사람의 위반 사이에 밀접한 연결을 두고, 그리하여 종교적이며 윤리적인 중요성을 죽음에 부착시키며, 다른 한편 사람의 생명을 하나님께 대한 사람의 순종에 의존시키는 것으로 보입니다.

생명과 죽음의 종교적·윤리적 본성은 창세기 2장에 결정적으로 그리고 분명하게 표현되었을 뿐만 아니라, 성경 전체의 근본적인 사상이며 구원의 계시 안에서 필수적인 요소를 구성합니다. 죽음의 영적인 의미를 부인하고 윤리적 생명과 물리적 생명 사이의 연결을 분리해 버린 초기의 그리고 보다 최근의 신학자들은 대개 자신들의 의견을 성경에서 찾기 위해 노력합니다. 그리고 의심의 여지없이 죄에 대한 형벌로 죽음을 바라보는

---

21 [창 3:15] 내가 너로 여자와 원수가 되게 하고 네 후손도 여자의 후손과 원수가 되게 하리니 여자의 후손은 네 머리를 상하게 할 것이요 너는 그의 발꿈치를 상하게 할 것이니라 하시고

구절들²²을, 계시의 유기체로서 일부를 형성하지 않는 개별적인 언급들로 취합니다.

이러한 노력은 구원 계시의 유기적 특징을 가로막습니다. 성경에서 죽음은 종종 인간 본성의 연약함과 약점에 의해 고려되는 것이 사실입니다.²³ 죽음은 구약이나 신약에서 첫 사람의 범죄와 연결되는 경우가 드물고 죄에 대한 명시된 형벌로서 언급되는 경우도 그러합니다.²⁴

왜냐하면, 대부분 죽음은 무언가 자연스러운 것으로 묘사되고,²⁵ 장수는 재앙과 심판의 날 속에서 죽음에 대한 대조 가운데 하나의 복으로 제시되기 때문입니다.²⁶

그러나 이 모든 것은 죽음이 죄에 대한 결과이며 형벌이라는 사상에 상반되지 않습니다. 죽음이 죄에 대한 벌로 행해진다고 말하는 성경에 동의하는 모든 사람은 언제나 이런 방식으로 말합니다. 그러나 비록 죽음은 죄를 통해 세상에 들어오지만, 동시에 죽음은 사람이 물리적이면서 연약한 존재임에 따르는 결과이기도 합니다.

죽음은 사람에게 형벌로써 위협이 될 수 있습니다. 사람은 땅에서 취해졌고 땅의 흙으로부터 살아 있는 영혼이 되었기 때문입니다.²⁷ 만일 사람이 순종적인 상태로 남았더라면 그는 티끌로 돌아가지 않았을 것이고,²⁸ 오히려 영적인 진보의 경로 위에서 전진해 나갔을 것입니다.²⁹ 사람이 티끌로 돌아간 것은 단순히 그가 티끌로부터 만들어졌기 때문에 가능했습니다.³⁰

---

22 [창 2:17; 요 8:44; 롬 6:12; 6:23; 고전 15:21].
23 [창 3:19; 욥 14:1, 12; 시 39:5-6; 90:5; 103:14-15; 전 3:20 등].
24 [요 8:44; 롬 5:12; 6:23; 고전 15:21; 약 1:15].
25 [창 5:5; 9:29; 15:15; 25:8 등].
26 [시 102:23 이하; 사 65:20].
27 [창 2:7; 고전 15:45, 47].
28 [창 3:19].
29 [고전 15:46, 51].
30 신약 속에서 아담을 보라.

이런 방식으로 죽음은 죄의 결과지만, 장수는 복으로 간주되었고, 무엇보다도 사람이 젊음의 최전성기나 힘이 있는 동안에 삶을 마감할 때 죽음은 재앙과 심판으로 간주되었습니다. 따라서, 성경이 이런 방식으로 죽음을 말하는 것은 이상할 것이 없습니다. 우리 모두는 매일 이와 동일한 방식으로 우리 자신을 나타냅니다. 동시에 우리는 죽음을 죄의 삯으로 간주하지만 말입니다.

죽음에 관한 통상적이고 일상적인 표현 아래에 죽음이 부자연스럽고 우리의 가장 깊숙한 존재에 상반된다는 깊은 의식이 놓여 있습니다.

2) 죽음의 의미

죽음은 우리 가운데서보다 성경 속에 훨씬 더 분명하게 표현되어 있습니다.

우리는 몸은 죽지만 영혼은 불멸한다는 그리스적인 플라톤 사상에 의해 다소간 영향을 받습니다. 하지만, 그런 사상은 이스라엘의 인식에 전적으로 상반되며 구약 속에서는 어디서도 발견되지 않습니다. 오히려 사람의 영혼과 육신 전체가 죽습니다. 죽음을 통해, 영[31] 또는 영혼[32]은 사람으로부터 분리되어 나옵니다. 사람의 몸뿐만 아니라 또한 사람의 영혼도 죽음의 상태로 돌아가서 저승에 속합니다.

따라서, 구약은 사람의 영혼의 죽음과[33] 시체와의 접촉에 의한 부정함에 대해 말할 수 있습니다.[34] 결국, 죽음은 멸절이 아니라 오히려 땅에서 생명을 위해 조성된 모든 것을 박탈당하는 일입니다.

---

31 [시 146:4; 전 12:7].
32 [창 35:18; 삼하 1:9; 왕상 17:21; 요 4:3].
33 [창 37:21; 민 23:10; 신 22:21; 삿 16:30, 욥 36:14; 시 78:50].
34 [레 19:28; 21:11; 22:4; 민 5:2; 6:6; 9:6; 19:10 이하; 신 14:1; 학 2:13].

스올은 모든 면에서 살아 있는 사람들의 땅과 대조됩니다.[35] 스올은 어둠의 거처이며 죽음의 그림자이고,[36] 파멸의 장소, 즉 파멸 그 자체입니다.[37] 스올에는 질서가 없고,[38] 섬, 침묵, 망각의 땅으로[39] 하나님과 사람이 더 이상 보이지 않으며,[40] 하나님은 더 이상 찬양 받으시거나 감사 받으시거나 하지 않으시며,[41] 하나님의 완전함이 더 이상 칭송되지 않고,[42] 하나님의 기적이 묵상되지 않습니다.[43] 죽은 자들에게 의식이 없고, 일도 더 이상 없고, 아무런 책임도 없으며, 지식이나 지혜도 가지지 않으며 해 아래에 행한 어떤 일 속에서 더 이상 어떤 부분을 가지지도 않습니다.[44] 죽은 사람들은 잠자고,[45] 약하고,[46] 힘이 없습니다.[47]

3) 어둠 속에 있는 빛

죽음의 두려움은 우리보다는 이스라엘 백성에 의해 더욱 깊이 느껴졌습니다. 그들에게 죽음은 그들이 사랑한 모든 것으로부터, 하나님으로부터, 하나님의 돌보심으로부터, 하나님의 율법으로부터, 하나님의 백성으로부터, 하나님의 땅으로부터, 그들이 살았던 모든 풍성한 교제로부터의

---

35 [욥 28:13; 잠 15:24; 겔 26:20; 32:23].
36 [욥 10:21, 22; 시 88:12; 143:3].
37 [욥 26:6; 28:22; 31:12; 시 88:11; 잠 27:20].
38 [욥 10:22].
39 [욥 3:13, 17-18; 시 94:17; 115:17].
40 [사 38:11].
41 [시 6:5; 115:17].
42 [시 88:10-13; 사 38:18, 19].
43 [시 88:12].
44 [전 9:5-6, 10].
45 [욥 26:5; 잠 2:18; 9:18; 21:6; 시 88:11; 사 14:9].
46 [사 14:10].
47 [시 88:4].

분리였습니다.

그러나 이제 높은 곳으로부터 내려온 구원 계시의 빛이 어둠 속에 나타납니다. 이스라엘의 하나님은 살아 계시는 하나님이시고 모든 생명의 근원이십니다.[48] 하나님은 천지의 창조주시고, 하나님의 능력은 경계가 없고, 하나님의 지배권은 생명과 죽음 너머로 확장됩니다.[49]

하나님은 사람에게 생명을 주셨고,[50] 여전히 각 사람을 창조하시고 부양하십니다.[51] 하나님은 생명을 자신의 율법 준수와 연결시키고 율법의 위반에 대해 죽음을 지정하십니다.[52] 하나님은 천국에 사시지만 또한 자신의 영에 의해 스올에도 계십니다.[53] 스올과 음부(Ἀβαδδών)는 사람의 자녀들의 마음이 하나님께 드러나 있는 것처럼 하나님께는 다 드러나 있습니다.[54] 하나님은 죽이시고 살리시며, 스올에 내리시고 그곳으로부터 다시 올리십니다.[55]

하나님은 자신의 계명을 지키는 사람들을 위해 생명을 연장하시고,[56] 죽음으로부터 탈출구를 제공하시며, 죽음이 위협할 때 구하실 수 있으시며,[57] 에녹과 엘리야를 죽음 없이 자신에게로 취하실 수 있으시고,[58] 죽은 자를 생명으로 복원시킬 수 있으십니다.[59]

---

48 [시 5:26; 수 3:10, 시 36:9].
49 [신 32:39; 삼상 2:6; 시 90:3].
50 [창 1:26: 2:7].
51 [욥 32:8; 33:4; 34:14; 시 104:29; 전 12:7].
52 [창 2:17; 레 18:5; 신 30:20; 32:47].
53 [시 139:7, 8].
54 [욥 26:6; 38:17; 잠 15:11].
55 [신 32:39; 삼상 2:6; 왕하 5:7].
56 [출 20:12; 욥 5:26].
57 [시 68:20; 사 38:5; 렘 15:20; 단 3:26].
58 [창 5:24; 왕하 2:11].
59 [왕상 17:22; 왕하 4:34; 13:21].

심지어 하나님은 죽음을 전적으로 무(無)로 돌리실 수 있으시고, 죽음으로부터 일으키심으로 죽음의 권세를 완전하게 이기실 수 있습니다.[60]

4) 영적인 중요성

빛에 대한 이러한 계시는 땅에서의 생명과 죽음 이후 스올의 어두운 장소 속에 있는 암담한 현존 사이의 구식 대조를 점차적으로 거부하고 그 자리에 다른 것을 둡니다. 생명과 죽음 사이의 물리적 대조는 점차적으로 주님을 경외함 속에서 보낸 삶과 죄를 섬기는 가운데 보낸 삶 사이의 도덕적이고 영적인 차이를 위한 길을 냅니다.

하나님을 섬기는 사람은 살아 있습니다.[61] 생명은 하나님의 계명들을 지키는 것과 관련됩니다.[62] 하나님의 말씀은 생명입니다.[63] 생명은 여전히 대개 날들의 길이를 의미하는 것으로 이해됩니다.[64] 그런데도 잠언이 종종 죽음과 스올을 불경함과 연결하여 언급하고,[65] 다른 한편으로는 오직 생명만을 의인들과 연결하여 언급하는 것은 주목할 만합니다.[66] 사악한 자는 자신의 사악함 속에 떠밀려 다니지만 의로운 자는 자신의 죽음 속에서도 소망을 가집니다.[67] 하나님을 주님으로 소유하는 사람은 복이 있습니다.[68] 그는 가장 큰 역경 속에서도 위안을 받고,[69] 물리적 죽음 뒤에 자신을 위

---

60 [욥 14:13-15; 19:25-27; 호 6:2; 13:14; 사 25:8; 26:19; 겔 37:11, 12; 단 12:2].
61 [창 2:17].
62 [레 18:5; 신 30:20].
63 [신 8:3; 32:47].
64 [잠 2:18; 3:16; 10:30; 사 65:20].
65 [잠 2:18; 5:5; 7:27; 9:18].
66 [잠 8:35-36; 11:19; 12:28; 13:14; 14:27; 19:23].
67 [잠 14:32].
68 [신 33:29; 시 1:1, 2; 2:12; 32:1, 2; 33:12; 34:9 등].
69 [시 73:25-28; 히 3:17-19].

해 일어나는 빛을 봅니다.⁷⁰ 반면, 불경한 자는 비록 잠시 동안 많은 번영을 누리지만 썩어 종말에 이릅니다.⁷¹

진실로 땅의 많은 사람이 종종 자신들의 영적 가치에 잘 부합하지 않는 문제에 계속적으로 둘러싸이지만, 구약의 의인들은 의로운 자는 복될 것이고 악인은 불행할 것이라는 확신으로 자신을 강하게 합니다.⁷² 만일 이 점을 현재적으로 깨닫기 힘들다면, 그들은 미래를 바라보며 하나님의 공의가 심판 가운데 의인들에게 구원을 베풀고 악인들에게 하나님의 진노가 임하게 되는 그날을 소망합니다.

그래서 구약에서는 새 언약의 계시가 준비되는데, 그리스도는 새 언약의 계시 속에서 등장하셔서 죽음을 폐하셨고 복음을 통해 생명과 불멸을 드러내셨습니다.⁷³ 영생은 이미, 여기 이 땅에서, 믿음에 의해 사람들에게 제시되었습니다. 그리고 이 영생은 또한 죽음의 때에 그들의 몫입니다.⁷⁴

다른 한편, 죄 가운데 살고 하나님의 아들께 불순종하는 사람은 살았으나 죽은 자입니다.⁷⁵ 그는 결코 생명을 볼 수 없을 뿐만 아니라, 육신의 죽음에 의해 둘째 사망 속으로 들어갈 것입니다.⁷⁶

5) 비기독교와 과학에서 말하는 죽음

죽음에 대한 이러한 성경의 관점은 다른 종교에서 발견되는 것보다 더욱 깊이 들어갑니다. 그형 성경의 관점은 죽음의 부자연성과 두려움의 측

---

70 [창 49:18; 욥 14:13-15; 16:16-21; 19:25-27; 시 73:23-26].
71 [시 1:4-6; 73:18-20; 사 48:22; 말 4:3 등].
72 [전 8:12, 13; 사 3:10-11].
73 [딤후 1:10].
74 [요 3:36; 11:25, 26].
75 [마 8:22; 눅 15:32; 요 3:36; 8:24; 엡 2:1; 골 2:13].
76 [계 2:11; 20:6, 14; 21:8].

면에서, 인류의 이의 없는 증언으로부터 지지를 받습니다. 소위 자연인들마저도 생명보다 죽음이 훨씬 더 불가사의한 것을 느낍니다.

티엘러(Cornelis Petrus Tiele, 1830-1902)[77]는 모든 사람은 인간이 본성적으로 불멸하다는 확신을 가지며 이 불멸성은 증거를 요구하지 않는 것이지만, 죽음은 신비이며 설명되어야 하는 것이라고 올바르게 말합니다.[78]

생명의 연약함과 헛됨에 대한 가슴 시린 불평이 모든 사람의 마음속에 일어나며 인류 전체는 죽음을 신비한 능력인 양 두려워합니다. 사람은 죽음이 더욱 비참한 생명의 끝이기를 바랄 때만 죽음에서 위로를 발견합니다.

세네카(Lucius Annaeus Seneca the Younger, c. BC 4-AD 65)는 몇몇 철학자에 대한 해석자로 볼 수 있을 것인데, 그는 이렇게 말합니다.

> 죽음이 두려워 죽는 것은 어리석은 일이다(Stultitia est timore mortis mori).

소크라테스(Socrates, c. BC 470-399) 또는 카토(Cato Younger, BC 95-46)와 같은 몇몇 사람은 침착하고 용기 있게 죽음에 직면할 수 있을지도 모릅니다.

이들이 죽음의 두려움을 통해 모든 생애를 속박에 종속시키는 수많은 사람에게 말하는 것은 무엇입니까?[79]

죽음이라는 신비는 오늘날까지 남아 있습니다. 카소비츠(Kassowitz), 펠보온(Max Richard Constantin Verworn, 1863-1921)[80] 그리고 몇몇 사람은 "세포"가 시작이며, 늙어 백발이 된 사람은 중단되지 않은 생명 전개의 자연적인 결말

---

77   역주: 네덜란드의 신학자이자 종교학자.
78   *Inleiding tot de goddienst-artenschap*, II [1900], 202, referring to Andrew Lang, Modern Mythology, ch xiii.
79   [히 2:15].
80   역주: 독일의 생리학자. 원문에는 'Verworm'이라고 되어 있으나, 'n'을 'm'으로 오기한 것으로 보인다.

이라고 말했습니다. 메치니코프(Élie Metchnikoff, 1845-1916)[81]는 과학이 언젠가는 생명을 매우 길게 연장시켜서 마침내 죽음이 한 송이 장미처럼 소실되고, 죽음은 그 자체가 가진 공포를 상실하게 될 것이라고 말했습니다.

그러나 죽음은 여전히 수수께끼와 같고, 생명의 모든 힘을 삼킵니다. 게다가 많은 생물, 식물, 나무, 동물이 사람보다 더 많은 나이에 이른다는 것을 고려할 때, 인류의 상당수가 태어나기 전에 죽거나 태어난 직후에 죽는다는 것을 고려할 때, 또 다른 상당수의 사람이 생의 초반기나 젊은 시절에 죽는다는 것을 고려할 때, 적자생존[82]의 법칙은 오직 생존의 법칙이 그들의 적합성의 증거로 취해질 때만 참이라는 것을 고려할 때, 닳아 노쇠하여 무덤으로 내려가는 노인들은 소수에 불과하다는 것을 고려할 때, 그때 죽음의 수수께끼는 신비함 속에 가중됩니다.

죽음을 유기체의 특정 활동과 연결시키고 체중 증가, 성장 또는 생식력에 의해 설명하려는 노력들은 모두 파선했습니다. 바이스만(Friedrich Leopold August Weismann, 1834-1914)[83]이 "단세포 원생동물"의 불멸성 안에서 피난처를 취했을 때, 그는 하나의 가설을 세웠으며 그 가설은 많은 반대자를 낳았을 뿐만 아니라, "체질 플라스마"의 필멸성을 풀 수 없는 신비로 남겨 두었습니다.[84]

그러므로 과학은 분명히 이 점에서 우리가 성경을 살펴보도록 내몰지는 않으며 오히려 죽음의 신비한 위엄의 강력한 증거를 제공합니다. 펠라기우스(Pelagius), 소키누스(Faustus Socinus, 1539-1604), 슐라이어마허(Friedrich Daniel Ernst Schleiermacher, 1768-1834), 리츨(Albrecht Ritschl, 1822-1889) 그리고 수많은

---

81 역주: 러시아의 생물학자이자 세균학자.
82 환경에 적응하는 종(Species)만이 살아남고, 그렇지 못한 종은 도태되어 사라지는 현상
83 역주: 독일의 진화생물학자.
84 Beth, "Ueber Ursache und Zweck des Todes", *Glaubm und Wissen* [1909], 285-304, 335-48.

다른 신학자와 철학자들은 죽음을 죄와의 연결에서 분리합니다. 그들은 과학에 의해 그렇게 하도록 강요받은 것이 아니라, 오히려 행동 양식(ἔθος)과 본질(φύσις) 사이의 관계에서 결함을 가진 통찰에 의해 인도받았습니다.

비참과 죽음은 절대적으로 항상 큰 개인적인 범죄에 대한 결과이자 형벌은 아닙니다.[85] 그러나 비참과 죽음은 죄와 관련되는데, 우리는 매일의 경험에서 이를 배웁니다.

배금주의, 알코올 중독 그리고 방종주의의 희생자가 얼마나 많은지 누가 헤아릴 수 있겠습니까?

심지어 영적인 죄마저 육신적인 생명에 영향을 미칩니다. 시기는 뼈를 썩게 합니다.[86] 성경이 죽음이 아직 들어오지 않은 그리고 영생이 아직 소유되고 향유되지 않은 낙원 속에 아직 타락하지 않은 사람을 두었을 때, 타락한 그러나 구속받게 될 사람을 비참과 죽음이 가득한 세상 속으로 내보낼 때, 그리고 마침내 전적으로 갱신된 사람에게 죽음, 슬픔, 울부짖음이나 고통이 더 이상 존재하지 않는 새 하늘과 새 땅을 할당할 때,[87] 우리는 성경으로부터 죄와 사망의 연결에 대한 많은 것을 배웁니다.

마지막으로 성경은 죽음의 책이 아니라 우리 주 예수 그리스도를 통한 영생을 말하는 생명의 책입니다. 성경은 자주 반복되고 명백한 용어들을 사용하여 죽음의 무서운 현실에 대해서 말합니다. 그러나 성경은 여전히 그리스도 예수 안에 있는 놀라운 생명의 권능을 더욱 우렁차게 선언합니다.

---

85 [눅 13:2; 요 9:3].
86 [잠 14:30].
87 [계 21:4].

부록 2

더 이상 존재하지 않는 네덜란드개혁교회 해방파[1]

웨스 브레던호프(Wes Bredenhof)
호주 태즈메이니아 론세스턴 자유개혁교회 담임목사

2023년 5월 1일부로 '네덜란드개혁교회 해방파'(the Reformed Churches in the Netherlands-Liberated)는 더 이상 존재하지 않습니다. 네덜란드에서 그들은 '개혁교회-해방파'(Gereformeerde Kerken-Vrijgemaakt, GKV)로 알려졌습니다. 5월 1일 부로 GKV는 '네덜란드의개혁교회들'(Nederlands Gereformeerde Kerken, NGK)과 병합하여 새로운 교회 연합체를 형성했습니다. 새 연합체는 '네덜란드의개혁교회들'(Nederlandse[2] Gereformeerde Kerken)이라고 불립니다.

---

[1] 본 부록은 본서 4장 '4-7) 교회의 역할 부분'의 도표 각주 부분의 설명을 위해 추가된 것임. 편역자는 본 기사를 부록으로 실을 수 있도록 기꺼이 허락해 준 브레던호프 목사님께 감사의 뜻을 전한다. 2023년 5월 9일에 작성된 원문은 다음을 참조하라. https://bredenhof.ca/2023/05/09/gkv-no-more/

[2] 여기에서 'e'가 추가된 것이 중요하다. 왜냐하면, 개혁교회 신앙고백과 교회 정치의 엄격성에 대한 자유를 추구하면서 GKV에서 1967년에 분리된 교회들이 Nederlands Gereformeerde Kerken(NGK)라는 이름으로 세워졌고, 이번에 이들과 다시 병합하면서 이와 구별하기 위해 Nederlands 뒤에 'e'가 첨가되었기 때문이다.

1930년대와 1940년대는 '네덜란드개혁교회'(Gereformeerde Kerken in Nedeland, GKN)[3]에 있어서 격동의 시기였습니다. 그들은 아브라함 카이퍼의 가르침을 둘러싼 논쟁에 의해 고통을 받았습니다. 총회가 그런 가르침들 중 일부를 따르도록 교회 직원들을 강요하기 시작했을 때 1944년의 해방이 촉발된 것입니다. 해방파 교회들은 '네덜란드개혁교회'(GKN)의 합법적인 연속성을 가진다고 주장했습니다.

'캐나다개혁교회'(Canadian Reformed Churches)와 '호주자유개혁교회'(Free Reformed Churches of Australia) 양측은 '네덜란드개혁교회 해방파'(GKV) 출신의 네덜란드 이민자들에 의해 세워졌습니다. 오랜 시간 동안 해방파 교회는 사랑받는 "모교회"(mother church)로 간주되었습니다.

그러나 2017년에 해방파 교회는 교회의 모든 직분을 여성에게 열어 둔다는 결정을 했고, 이 결정은 '캐나다개혁교회'(CanRC)와 '호주자유개혁교회'(FRCA) 그리고 다른 많은 교회와의 일치적 관계성에 대한 종말의 시작이었습니다. 2022년에 해방파 교회는 교회의 직분에 여성을 세우는 문제와 관련된 결정 때문에 '국제개혁교회협의회'(International Conference of Reformed Churches, ICRC)로부터 퇴출되는 수모를 겪었습니다.[4]

해방파 교회는 전 세계의 신앙고백적으로 정통적인 개혁파 및 장로교회로부터 스스로를 떼어 놓으면서, 그들은 또한 NGK(Nederlands Gereformeerde Kerken)와 관심을 공유하려고 했습니다. NGK는 1967년에 해방파에서 분리된 교단이었습니다.[5] NGK를 형성한 사람들은 당시 해방파에서 수용할 수 있었던 것보다 교회 일치를 위한 더 많은 개방성을 원했습니다. 시

---

3 분리 측과 애통 측의 통합으로 1892년에 세워진 교단이다.
4 해방파는 ICRC의 설립 회원들 중 하나였다. 관련하여 다음 자료를 참조하라. https://bredenhof.ca/2022/10/14/icrc-gkv-membership-terminated/
5 상기 각주 2번 참조.

간이 지나면서 NGK는 점진적으로 덜 신앙고백적인[6] 개혁파가 되었습니다. 1995년에 NGK는 집사 직분을 여성에게 개방했습니다. 그리고 2011년에는 여성도 목사로 섬길 수 있게 되었습니다. 2017년 해방파의 결정은 NGK와의 합병 또는 재연합을 위한 길을 닦은 셈입니다.

전해진 뉴스에 따르면 단지 세 곳의 해방파 교회(Urk, Capelle aan den IJssel-Noord, Vroomshoop)만이 병합에 참여하지 않았습니다. 그러나 또한 지난 수년에 걸쳐 해방파 교회는 또한 '네덜란드개혁교회'(Gereformeerde Kerken Nederland)와 '네덜란드개혁교회-복원'(Gereformeerde Kerken[hersteld], GKH)[7] 과 같은 교회들에 회원들을 잃어버렸습니다. 이들 두 교회들 사이에서도 또한 합병에 관하여 논의 중입니다.

그 사이 '네덜란드개혁교회 해방파'의 역사를 위한 마지막 장이 쓰였습니다. 슬프게도 잘 끝나지는 못했습니다.

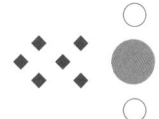

---

6 이는 네덜란드개혁교회의 정황에서 말하자면 교회의 일치를 위한 세 신앙 규범(벨기에 신앙고백, 하이델베르크 요리문답, 도르트 신조)을 가르치고 배우고 믿고 고백하는 일에 있어서 느슨해진 것을 의미한다.

7 네덜란드개혁교회(Gereformeerde Kerken Nederland)와 네덜란드개혁교회-복원(Gereformeerde Kerken[hersteld], GKH)은 둘 다 해방파 교회에서 나중에 분립된 소수 교단들이다.

부록 3

신칼빈주의(Neo Calvinism)[1]

코르넬리스 프롱크(Cornelis Pronk)
북미자유개혁교회 명예목사

'신칼빈주의'란 무엇입니까?

'신'(neo)이라는 단어는 '새로운'이라는 뜻이고 칼빈주의는 존 칼빈의 가르침을 따르는 개신교 분파에 주어진 이름입니다. 그런 점에서 칼빈주의는 개혁주의의 다른 말입니다. 사람들이 칼빈주의라고 말할 때 그들은 로마가톨릭주의, 루터주의 그리고 알미니우스주의와 구별되는 개혁 신앙을 의미합니다.

그러므로 신칼빈주의라는 용어는 원래의 형태로부터 다르거나 새로운 칼빈주의의 한 유형을 제시하는 것입니다.

첫째, 칼빈주의와 그것의 파생어인 칼빈주의자(Calvinist) 그리고 칼빈주의적(Calvinistic)이라는 말은 개혁 신앙 그리고 개혁교회와 동의어로서는

---

[1] 원본 서지 사항은 다음과 같다. Corneli Pronk, "Neo-Calvinism", *Reformed Theological Journal*, 1995, Vol. 11, 42-56. 편역자는 본고의 번역 게재를 기꺼이 허락해 주신 코르넬리스 프롱크 목사님께 감사의 뜻을 표함. 독자의 편의를 위해 편역자가 약간의 문단 구분을 추가하였음.

그리 적합하지 않음을 말씀드립니다.

칼빈 자신은 자신의 이름을 따라 개혁교회들을 부르는 것을 반대했습니다. 개혁교회들도 칼빈주의적이라고 언급되는 것을 원하지 않았고 단지 개혁파로 불리기를 원했습니다. 그 이유는 개혁교회들은 그리스도의 교회가 단지 한 사람과만 관련되어서는 결코 안 된다는 것을 느꼈기 때문입니다.

둘째, 개혁교회들이 칼빈에게 빚진 것만큼이나, 그들은 칼빈이 가르친 교리들이 칼빈 자신의 천재성의 산물이 아니라 단지 그가 복음에서 발견한 그리스도의 교리들이었음을 이해했습니다. 칼빈주의라는 이름을 거부한 다른 이유는 역사적으로 어떤 운동이 시작되어 사람들의 이름이 주어졌을 때, 항상 그들은 이단자들이었기 때문입니다. 아리우스주의, 펠라기우스주의, 몬타누스주의처럼 말입니다.

셋째, 칼빈주의는 그들의 대적자들인 로마가톨릭, 루터파 그리고 재세례파들에 의해 그들에게 붙은 꼬리표였기 때문입니다. 칼빈주의자라는 이름은 혐오스러운 예정 교리를 주장하는 사람들을 매도하려는 별칭이 되었습니다. 많은 사람이 그런 예정 교리를 칼빈이 고안한 것이라고 생각했으니 말입니다.

이런 이유들 때문에 개혁파는 칼빈주의라는 꼬리표를 거부했습니다. 그들은 오랫동안 그런 입장을 유지했습니다.

1. 칼빈주의와 아브라함 카이퍼

그러면 왜 칼빈주의라는 이름이 결과적으로 수용되었습니까?

아마도 다른 개신교회들뿐만 아니라 로마가톨릭교회와의 논쟁 속에서 불가피했기 때문이었을 것입니다. 개혁파는 그들의 위대한 리더와 그의 신학 체계에 점점 더 동화되었습니다. 비록 칼빈주의가 결과적으로 칼빈(특별히 예정)과 관련된 교리들 때문에 개혁파의 다른 이름이 되었지만, 더욱 최근에 칼빈주의라는 용어는 그 이상의 무언가를 제시하게 되었습니다.

여기에 신칼빈주의가 들어오게 된 것입니다. 그리고 신칼빈주의는 우리를 아브라함 카이퍼로 인도합니다. 그는 네덜란드의 위대한 신학자요 정치가로서 그의 이름은 네덜란드에서 칼빈주의의 위대한 부흥이라고 불렸던 것과 불가분적으로 연결되어 있습니다.

1897년에 뉴저지의 프린스턴대학에서 전달한 강의들의 모음집인 『칼빈주의 강연』[2]이라는 책에서 카이퍼는 칼빈주의의 네 가지 용법을 언급합니다. 그에 따르면 칼빈주의는 다음과 같이 생각될 수 있습니다.

(1) 대적자들에 의해 개혁파에 주어진 분파적 이름
(2) 예정 교리 및 다른 관련 진리들에 동의하는 사람들에 의해 사용되는 신앙고백적 이름
(3) 칼빈주의 침례교 그리고 칼빈주의 감리교와 같이 칼빈주의자로 정체성을 가지기 원하는 교회들에 의해 사용되는 교파적 이름
(4) 역사적, 철학적 또는 정치적 개념 속에서 사용되는 학문적 이름[3]

---

2   현재 두 가지 번역본을 볼 수 있다. 『개혁교의학』, 박태현 역(고양: 도서출판 다함, 2021), 『개혁교의학 개요』, 김기찬 역(고양: 크리스천다이제스트, 2017).
3   *Lectures on Calvinism* (Grand Rapids: William B. Eerdmans Publishing Company, 1931), 12-15.

카이퍼는 이렇게 말합니다.

> 역사적으로 칼빈주의라는 이름은 루터주의자도 재세례주의자도 소키누스주의자도 아닌 종교개혁 운동이 나아갔던 경로를 가리킵니다. 철학적인 개념 속에서 본다면 우리는 칼빈주의라는 이름에 의해서 칼빈의 지휘 아래 삶의 여러 측면에서 우위를 가지게 된 사상 체계를 이해합니다. 그리고 정치적인 이름으로서 칼빈주의는 헌법적 정치 운영 가운데 나라들의 자유를 보장하는 정치적인 운동을 가리킵니다. 우선 네덜란드가 그 다음은 잉글랜드가 그리고 18세기 말 이후로 미국이 그런 경우입니다.[4]

2. 세계관 및 인생관으로서의 신칼빈주의

이런 학문적 관념 속에서 카이퍼는 칼빈주의의 개념을 이른바 "서유럽과 북미의 나라들 가운데 우리의 삶과 생활에 대한 독립적인 유형을 그 자체의 모(母)원리로부터 발전시켜온 독립된 일반적인 경향"[5]으로 이해합니다.

카이퍼에게 있어서 칼빈주의의 영역은 그가 살았던 시대의 대부분의 사람이 이해했던 것보다 훨씬 넓었습니다. 개혁파 진영 내에서 그와 동시대 사람들은 칼빈주의를 기본적으로 교회적이고 신앙고백적인 운동으로 보았습니다. 그들에게 있어서 개혁파 또는 칼빈주의적이라는 말은 사람의 부패성 그리고 구원에 있어서 하나님에 대한 절대 의존성을 믿는 것을 의미했습니다. 다시 말해서, 그들은 은혜의 교리들 또는 이른바 알미니우스

---

4 Ibid., 14.
5 Ibid., 15.

주의자들과 현대주의자들에 대립하여 이들이 부인하는 "칼빈주의 5대 요점"을 강조했습니다.

카이퍼는 칼빈주의가 그 이상의 것임을 그의 동료 개혁파 신자들에게 확신시키는 것을 자신의 사명으로 생각했습니다. 그는 칼빈주의가 세계관 및 인생관을 아우르는 것이어서, 실제를 이해하고 깨닫는 능력을 우리에게 주는 것이라고 주장했습니다. 그가 믿기로 그리스도인들로서 우리의 임무는 모든 창조 질서를 주관하는 그리스도를 위해 세상을 감화하고 바꾸고, 세상을 구속하고 얻기 위해 세상에 영향을 미치도록 칼빈주의 원리들을 적용하는 것입니다.

3. 핵심 사상: 하나님의 주권

카이퍼에 따르면 칼빈주의의 핵심 사상은 우주의 모든 영역 속에서 전(全) 우주에 대한 하나님의 주권입니다. 이러한 하나님의 주권은 삼중적 인간의 주권, 이른바 나라, 사회 그리고 교회 안에 반영됩니다.

이것이 대적자들뿐만 아니라 카이퍼 자신과 그의 추종자들이 신칼빈주의라고 언급한 칼빈주의의 사상입니다. 신칼빈주의는 원래의 고전적인 칼빈주의 또는 개혁 신앙에서는 발견되지 않는 점에서 새로운 것입니다. 비록 카이퍼는 자신의 사상의 많은 것이 칼빈 속에 '원초적으로' 존재한다고 주장했지만 말입니다. 그는 씨들이 칼빈의 사상 속에 있으며, 다만 그것들은 실행되고 적용되기만 필요할 뿐이라고 주장했습니다.

칼빈이 만물 속에서 하나님의 주권을 가르친 것은 사실입니다. 또한, 칼빈은 하나님의 주권이 구원에만 제한된 것이 아니라 교회-국가 관계, 가족의 역할, 사회 속에서 그리스도인들의 부르심, 학문의 위치 등을 포함하여 삶의 모든 것에 대한 영향력이 있다는 것을 알았습니다.

그러나 칼빈의 사상들의 함축이 실행되는 과정에서, 카이퍼는 일부 중요한 영역 속에서 원래의 버전에서 벗어난 것으로 구성된 칼빈주의 체계에 도달하게 되었습니다. 카이퍼는 종종 사회의 모든 영역에서 칼빈주의적 원리들을 적용함으로써 네덜란드에 그가 미친 영향으로 인해 칭송받았습니다. 이러한 칭송은 받아 마땅합니다.

이 사람은 많은 점에서 천재적이었습니다. 네덜란드 교회 역사에 그리 익숙하지 않은 분들을 위해 아래에 나오는 이 위대한 인물에 대한 매우 간단한 생애 묘사가 그의 중요성에 대한 몇 가지 개념을 제공하는 일에 도움을 줄 것입니다.

4. 카이퍼의 인생 스케치

아브라함 카이퍼는 남 홀란트(South Holland) 마슬라위스(Maassluis)에서 1837년에 태어났습니다. 그의 아버지 J. F. 카이퍼는 네덜란드개혁교회 목회자로서 온건파에 속했습니다. 젊은 아브라함은 특출나게 총명했습니다. 그는 알파벳을 습득한 때부터 독서광이었으며 공부를 위해 그의 부모로부터 재촉받을 필요가 없었습니다. 그는 열두 살에 라이던에 있는 김나지움에 등록했습니다. 그는 이곳에서 6년 후에 우등으로 학업을 마쳤습니다. 다음 7년간은 유명한 라이던대학에서 보냈는데 그는 여기에서 최우등으로 신학 박사학위를 받고 1862년에 졸업했습니다.

카이퍼는 대학에 들어갈 때 그가 가졌던 것과는 다른 종교적 관점을 가지고 대학을 떠났습니다. 그는 꽤 보수적인 환경에서 자랐고 심지어 목회에 대한 마음도 있었습니다. 그러나 그가 대학에 다닌 동안 카이퍼는 자유주의에 휩쓸리게 되었습니다. 그의 모델은 스홀턴 박사였는데 그는 당시 현대주의의 선도적인 옹호자들 중 한 사람이었습니다. 그러므로 만일 하나님이 그를 불러 멈추도록 하지 않으셨다면, 카이퍼는 배교의 길 아래로 굴러 떨어져서 아마도 자신의 스승보다 더 나아갔을 것입니다. 그러나 하나님은 개입하셨고, 이 영리하지만 눈먼 학생이 맹렬한 속도로 나아갔던 방향을 바꾸셨습니다.

1862년에 카이퍼 박사는 네덜란드국교회의 목사 후보생이 되었습니다. 그러나 후보생들이 넘쳐나는 바람에 그는 거의 일 년 동안 부름을 받지 못했습니다. 그는 동부 헬덜란트(Gelderland) 주의 작은 마을 베이스트(Beesd) 회중의 목사로 안수받았습니다.

그러나 모든 회원이 그들의 새로운 목사를 기쁘게 맞이하지는 않았습니다. 적어도 그의 설교에 동의하지 않는 한 여인이 있었습니다. 그녀의 이름은 피쳐 발투스(Pietje Baltus)였습니다. 하나님을 경외하는 여성인 그녀는 목사가 하나님과 은혜에 문외한임을 즉각 알아차렸습니다.

카이퍼가 그녀에게 심방했을 때, 그녀는 주님이 어떻게 그녀를 회심시키셨는지 얘기했고 그의 영혼의 결핍에 대해 말했습니다. 그녀는 거듭나지 않으면 영원토록 멸망할 것이라고 그에게 경고했습니다. 카이퍼는 들었고 감동을 받았습니다. 더 자주 그녀를 심방했습니다. 주님은 이런 단순하고 교육받지 못한 여성의 간증을 기쁘게 사용하셔서 카이퍼의 삶에 급진적인 변화를 일으키셨습니다.

베이스트에서 주님을 경외하는 다른 사람들뿐만 아니라 이 경건한 여성과의 접촉을 통해서 카이퍼의 삶은 완전히 변화되었습니다. 그는 심오한 영적 투쟁을 거쳤고, 주님께 항복하며 그리스도와 그분의 십자가에서 완성된 사역을 믿음으로써 모든 이해를 초월하는 평화를 경험하는 순간에 이르렀습니다. 이 거듭난 설교자는 정통 교리의 챔피언으로서 빠르게 알려졌고 더 크고 더 영향력 있는 회중들로부터 부름을 받기 시작했습니다. 1867년에 그는 우트레흐트의 청빙을 수락했고 3년 후에는 암스테르담으로 옮겼습니다. 거기에서 그는 '애통(Doleantie) 운동'의 지도자가 되었는데,

1834년의 분리 운동과 비슷하지만 다른 운동인 애통 운동은 1866년에 국가교회로부터 분리를 가져왔습니다.

카이퍼는 수년 동안 네덜란드국교회 내에서 개혁을 위해 쉼 없이 노력했습니다. 그는 교회 개혁에만 관심을 기울인 것은 아니라, 국가적인 관심을 기울였으며 정치에 활발하게 참여하기 시작했습니다.

곧장 그는 「더 허라우트」(De Heraut, 전령)라고 불리는 주간지와 기독교 일간지 「더 스탄다르트」(De Standaard, 표준)의 편집자가 되었습니다. 그는 국회의원에 선출되었고 반(反)혁명당의 수장이 되었습니다(여기에서 '반'은 프랑스 혁명의 불경건한 원리에 저항한다는 의미입니다). 1901년부터 1905년까지 카이퍼는 총리로 섬기면서 빈곤층의 삶을 개선하고 모든 시민을 위한 사회 정의를 촉진하는 많은 법안을 통과시키는 데 힘을 보탰습니다.

카이퍼는 또한 자유대학의 주요 설립자였습니다. 이 대학은 성경과 개혁파 원리에 기초한 고등 학문 교육을 위한 학교였습니다. 큰 웅변적 은사를 가진 숙련된 연설가로서 그는 청중을 여러 시간 동안 줄곧 넋 나간 채로 붙들어 둘 수 있었습니다.

카이퍼는 거의 반세기 동안 네덜란드 내에서 교회와 정치 무대를 장악했습니다. 그 기간 동안 칼빈주의는 국가 행정에서 주목할 만한 힘이 되었습니다. 그는 거의 혼자서 개혁교회 신자들을 동원하여 의회의 많은 의석을 확보하고 심지어 정부를 구성할 정도로 충분한 힘이 있는 강력한 기반을 만들 수 있었습니다.

5. 반명제와 일반은혜

이것은 분명히 큰 성취였습니다. 비록 카이퍼는 피쳐 발투스와 같은 하나님을 경외하는 사람들을 존경했지만, 그들의 믿음은 너무 내부 지향적이며 종교적·문화적 고립 상태로부터 일깨워져야 함을 깨달았습니다. 그들은 그들의 빛을 밝히도록 해야 했고, 세상 속에서 그리스도인들로서 그들의 임무를 진지하게 취해야 했습니다. 반면 그들은 여전히 그들이 세상에 속하지 않았음을 드러내야 하지만 말입니다.

카이퍼는 어떻게 자신의 종교적 지지자들을 확신시키고 설득했을까요?

그는 반명제와 일반은혜라고 불리는, 모순되는 것처럼 보이는 두 개의 교리를 가르침으로 그렇게 했습니다.

'반명제'는 '반대'라는 의미의 반(反)과 전제, 이론 또는 진술을 의미하는 '명제'라는 말로 이루어져 있습니다. 그러므로 반명제는, 예를 들어 종교와 철학의 측면 가운데 어떤 사람의 적대자에 의해 지지되는 믿음에 저항하는 입장을 취합니다.

카이퍼에 따르면 교회와 세상 사이에 기본적인 반명제가 존재합니다. 구속을 받은 사람들은 하나님 사랑이라는 한 가지 원리를 따라 살아갑니다. 그리고 다른 사람들은 어떻게 나타나든지 하나님께 원수라는 반대 원리를 따라 살아갑니다. 어떤 사람은 교회와 세상 사이에 존재하는 그러한 간극으로 인해 두 진영 사이에 협력이 존재할 수 없다고 결론 내립니다.

그러나 카이퍼는 일반은혜라고 불리는 하나의 새로운 교리를 세움으로써 문제의 해결책을 발견했습니다. 그것은 완전히 새로운 교리는 아니었습니다. 왜냐하면, 그것의 요소들은 칼빈과 개혁파 신앙고백서들 가운데 발견될 수 있기 때문입니다.[6] 그러나 카이퍼가 이 교리에 자신의 특징을 새겨둔 것은 분명한 사실입니다.

카이퍼가 정의하는 일반은혜는 무엇입니까?

그것은 택자들에게만 주어지는 특별한 또는 구원하는 은혜에 더하여, 하나님이 모든 사람에게 수여하는 은혜가 있다는 사상입니다. 특별은혜가

---

6   참조. Calvin, *Institutes*, II, 2, 12-17; *Canons of Dordt*, III, IV, 4.

사람들의 마음을 중생시키는 반면, 일반은혜는 다음의 일을 합니다.

(1) 일반적으로 인류 내에 죄의 파괴시키는 과정을 억제함
(2) 거듭나지 않더라도 사람에게 창조의 잠재적인 힘을 개발하도록 하여 타락 전에 사람에게 주어진 문화명령의 성취를 위해 긍정적인 기여를 하게 함

왜냐하면, 모든 사람이 그들 안에 남겨진 하나님의 형상 덕분에 이 일반은혜를 공유하기 때문입니다. 그리스도인들은 삶의 환경을 개선하고, 가난과 싸우고 모든 사람을 위한 사회 정의를 촉진하는 일에 불신자들과 함께 일할 수 있고, 일해야 합니다.

게다가 카이퍼는 일반은혜가 세상 속에서 선하고 아름다운 모든 것을 인식하고 인정할 수 있게 해 주고 감사와 함께 하나님의 선물들을 즐길 수 있도록 해 준다고 주장했습니다.

그리스도인들은 예술과 과학에 그리하여 문화의 발전에 능동적으로 참여해야 합니다. 카이퍼는 이런 식으로 노동 주간으로부터 일요일을, 신학적인 용어로써 육신적인 것으로부터 영적인 것을, 은혜로부터 자연을 분리하는 '경건주의적 이원론'으로부터 자신을 정화하도록 개혁파공동체에 도전을 가했습니다.[7]

카이퍼의 일반은혜의 교리는 그의 사역과 사상 전체의 요체라고 불렸습다. 이 일반은혜 교리에 반명제 교리를 능숙하게 결합시킴으로써 그는 교회와 세상 사이의 차이점을 보존하는 일에 관심을 가진 사람들을 안심시킬 수 있었고, 동시에 적어도 일부 문화적 측면들을 인정했던 개혁파 진영

---

7   James D. Bratt, *Dutch Calvinism in Modern America* (Grand Rapids: William Eerdmans Publishing Company, 1984), 16.

내부의 지성인들을 만족시킬 수 있었습니다.

6. 일반은혜의 이중 목표

일반은혜는 이중 목표에 기여했습니다. 한편으로 비중생자들 가운데 선(善)의 존재와 함께 전적 부패 교리를 화해시키고, 다른 한편으로 세상 속에 여전히 있는 선한 것이라면 무엇이든지 인간의 노력의 결과가 아니라 오히려 하나님의 은혜의 산물이라고 주장함으로써 하나님의 주권은 보호되었습니다.

나아가 일반은혜는 정부와 법적 체계, 예술 및 과학과 같은 것들이 단지 은혜의 산물이 아니라 또한 하나님이 죄를 억제하고 하나님이 원래 의도하셨던 대로 창조를 발전시키도록 사람에게 능력을 주는 도구인 은혜의 방편임을 보여 주었습니다.

일반은혜는 카이퍼 사상의 요체인 동시에, 그의 체계의 유일한 약점임도 드러났습니다. 많은 개혁파 사람들이 카이퍼와 그의 사상을 열정적으로 따랐지만, 그의 관점에 강하게 반대하는 사람도 많았습니다. 특별히 (1834년에 국가교회로부터 나온) 분리교회 가운데 신칼빈주의에 대한 많은 반대가 있었습니다. 린더보옴(Lindeboom)과 텐 호올(Ten Hoor) 같은 사람들은 몇몇 매우 중요한 점에서 카이퍼의 가르침들이 성경과 개혁파 신앙고백에 배치된다고 확신했습니다.

적어도 고려할 만한 세 가지 점이 있었습니다.

첫째, 카이퍼의 교회에 대한 교리
둘째, 교회의 일차적 임무에 대한 그의 관점
셋째, 문화와 그것을 구속하기 위한 잠재력에 대한 그의 낙천적인 관점

7. 기관과 유기체로서의 교회

카이퍼는 기관으로서의 교회와 유기체로서의 교회 사이에 구분이 있어야 한다고 믿었습니다. 기관으로서 교회는 세 가지 직무(선지자, 제사장 그리고 왕)를 위탁받았고 설교하고 성례를 집례하고 권징을 시행하도록 부름받습니다. 유기체 또는 신자들의 몸으로서 교회는 사회적 활동에 참여해야 합니다. 그래서 문화명령을 수행해야 합니다. 그러므로 이 구분에는 잘못된 것이 없습니다.

그러나 카이퍼가 사용한 구별은 분리교회 측에 경종을 울렸습니다. 카이퍼는 참 교회는 기관으로서의 교회가 아니라 유기체로서의 교회라고 말하는 것 같았습니다. 그는 이렇게 말합니다.

> 기관으로서의 교회는 교회의 전부가 아니고, 참되거나 본질적인 교회도 아니고, 교회 그 자체도 아니며, 그 기관 가운데 말씀이 유효하게 되도록 교회를 통해 그리고 교회를 위해 설립된 것이다.[8]

다시 말해, 기관으로서의 교회는 세상 속에서 감당할 임무를 위해 성도들을 구비케 하면서 유기체로서의 교회를 섬기기 위해 존재합니다.

그러면 그 임무는 무엇입니까?

카이퍼에게 있어서 그것은 우선적으로 문화명령에 순종하면서 그리스도를 위해 세상을 구속하는 사회적 참여를 가리킵니다. 그러므로 신칼빈주의는 옛 칼빈주의 또는 개혁 신학으로부터 급진적인 이탈을 보입니다. 카이퍼의 시대까지 개혁파는 교회를 구원을 위한 기관, 성령님의 사역 현

---

[8] H. Zwaanstra. "Abraham Kuyper's Conception of the Church," *Calvin Theological Journal* (1974), 178.

장으로 보았습니다. 그곳에서 죄인들은 구원받고 신자들은 그리스도인으로서 세상 속에서 살아가기 위해 구비될 뿐만 아니라 믿음 안에서 양육 받습니다.

카이퍼의 고안 속에서 택자들은 이미 중생한 채 이 세상에 들어가며, 그러므로 나면서부터 은혜의 상태 안에 있는 것으로 가정됩니다.[9] 사실 유아들은 이 가정의 근거 위에서 세례를 받아야 합니다. 결과적으로, 교회의 우선적인 임무는 중생자들을 '양육하고' 세상 속에서의 삶을 위해 그들을 준비시키는 것입니다.

카이퍼 이전 개혁파는 교회가 사회 속에서 역할을 가진다는 점을 부인하지 않으면서도 죄인들의 구원에 강조점을 두었습니다. 그러므로 구학파 칼빈주의자들에게 있어서 설교는 회개라는 위대한 성경적 주제를 다루었습니다. 단지 신자들의 매일의 회개가 아니라 오히려 특별히 교회 안에서 회심하지 않은 부류에 대한 회개의 첫 행위를 다루었습니다. 믿음, 새로운 출생, 칭의, 성화 등에 대해서 말입니다.

그런데 카이퍼와 함께 강조점에 이동이 일어났습니다. 말씀을 통해 죄인의 마음에 성령님이 무슨 일을 하시는가의 문제가 아니라, 사회와 문화를 구속하기 위해 그리스도인들이 무엇을 해야 하는가의 문제로 말입니다. 이것은 중요한 문제가 되었습니다.

---

9 역주: 이에 관한 더 자세하고 총체적인 내용은 다음 책을 참조하라. 헤르만 바빙크, 『바빙크의 중생론』, 이스데반 역 (서울: 기독교문서선교회, 2022).

8. 문화명령

이 문제는 우리를 문화명령으로 인도합니다. 카이퍼는 하나님이 타락 전 아담에게 주신 임무가 여전히 오늘날 그리스도인들의 임무라고 믿었습니다. 사실 그는 이 임무를 온당하게 수행할 수 있는 사람은 실로 오직 그리스인들뿐이라고 말했습니다. 왜냐하면, 그들은 성령으로 중생했고 아담의 타락을 통해 상실한 원래의 관계를 복구했기 때문입니다.

그 임무는 무엇이었습니까?

카이퍼에 따르면 그것은 창세기 1장 28절에 분명히 나옵니다.

> 하나님이 그들에게 복을 주시며 하나님이 그들에게 이르시되 생육하고 번성하여 땅에 충만하라, 땅을 정복하라, 바다의 물고기와 하늘의 새와 땅에 움직이는 모든 생물을 다스리라 하시니라(창 1:28).

카이퍼는 이 구절이 사람에 대한 하나님의 실제적인 목적을 요약한다고 말합니다. 궁극적으로 그 목적은 죄인들의 구원이 아니라, 오히려 우주의 구속입니다. 인간의 구원은 그 목적을 위한 수단일 뿐입니다. 하나님의 실제적인 목적은 우리가 먼저 아담과 하와에게 주어졌던 원래의 명령 또는 문화명령을 수행하는 것입니다.[10]

이 명령은 카이퍼와 그의 제자들에게 매우 중요한데 지상명령보다 우위를 점하는 것처럼 보입니다. 카이퍼는 그리스도께서 구속의 중보자일 뿐만 아니라 또한 창조의 중보자임을 믿었습니다. 이는 그리스도께서 잃어버린 죄인들만 아니라, 잃어버린 세상 또는 우주를 위해서도 죽으셨음을 의미합니다.

10　Kuyper, *Dictaten Dogmatiek*(Kampen: J.H. Kok, n.d.) Vol. 2, 192, 194, 205; Vol. 3, 108.

카이퍼의 관점에서 다르게 표현하자면, 예정은 택자들의 구원에만 관계된 것이 아니라 또한 전(全) 피조물의 회복에 관계됩니다. 하나님은 예정 속에서 전 피조물에 초점을 둡니다. 그래서 작정은 역사 전체를 아우르며 하나님 자신의 손이 행한 모든 일로부터 영광을 받으시는 목적을 지향합니다. 카이퍼는 이런 식으로 사람의 행동은 특정한 또는 특별한 은혜의 일 하심에 제한되지 않고 일반은혜의 영역 속에서 하나님의 완전히 다른 일에까지 확장된다고 느꼈습니다.[11]

그러면 그리스도인은 이 세상에서 만만찮은 임무를 가집니다. 그리스도인은 문화명령을 수행해야 하고, 피조물의 잠재력을 충만하게 발전시켜야 합니다. 사실 이 분야에서 신자의 행위는 다가올 하나님 나라의 준비로서 절대적으로 필요합니다. 그리스도는 이 명령이 성취될 때까지 재림하시지 않을 것입니다. 카이퍼는 이렇게 말합니다.

> 그리스도의 재림은 전투하는 교회로부터 승리하는 교회로의 변화를 우리에게 가져와야 할 뿐만 아니라 또한 자연과 세상 속에 하나님이 감추어 주신 모든 것이 '종말이 도래하기 전에' 빛으로 드러나야 합니다.[12]

분명 카이퍼는 여기에서 너무 나갔으며 그의 추종자 중 많은 사람도 그랬고 그러합니다. 얼마 전에 자일스트라(Bernard Zylstra)는 토론토에 있는 기독교학문연구소의 주창자들 중 하나로서, 교회는 본질적으로 "처음부터 인류에게 할당된 원래의 임무를 위해 회복된 구속받은 인류"라고 썼습니다. 이런 관점에서 마태복음 28장의 선교명령은 기본적으로 창세기 1장 28절에 있는 문화명령의 재판(再版) 또는 재진술입니다.[13]

---

11   J. Douma, *Algemene Genade*(Goes: Oosterbaan & Le Cointre N.V., 1966), 306.
12   *Van de Voleinding*, Vol. 2 (Kampen: J. H. Kok, 1929), 507.
13   Bernard Zijlstra, "Thy Word Our Life," *Will all the King's Men* (Toronto: Wedge Publish-

9. 문화명령에 대한 비판적 평가

이것이 성경적인 기독교입니까?

전혀 아닙니다. 조심스럽게 말해, 그리스도의 재림이 우리의 문화적 노력에 의존한다는 개념 자체가 터무니없는 것입니다. 만일 재림의 시기가 우리의 활동과 어떤 관련이 있다면, 그것은 신약성경에서 강조된 선교 사역에 대한 우리의 참여입니다. 그것은 예수님이 말씀하신 바와 같습니다.

> 이 천국 복음이 모든 민족에게 증언되기 위하여 온 세상에 전파되리니 그제야 끝이 오리라(마 24:14).

창세기 1장 28절에 대해서는 어떠합니까?

이 구절은 오늘 우리에게 아무 것도 말하고 있지 않습니까?

실로 우리에게 말하고 있습니다. 하나님이 사람에게 주어진 뚜렷한 임무 또는 사명에 대해 말씀하시는 것은 부인될 수 없습니다.

그러나 이것이 아담에게서와 동일한 방식으로, 이른바 문화명령으로 여전히 유효합니까?

분명히 아닙니다.

문화명령의 개념 자체는 율법주의를 내포합니다. 그것은 은혜와 은혜 언약의 정황에 속하지 않는 용어입니다. 하나님이 이 명령을 주셨을 때, 타락은 아직 일어나지 않았습니다. 그러나 아담이 죄를 지었을 때 그는 이 명령을 수행할 지위에 더 이상 있지 않았습니다. 첫째 아담으로부터 이 책임을 인수 받아 처음에 사람에게 할당된 임무를 수행하신 둘째 아담은 그리스도였습니다.

ing Foundation, 1972), 171.

하나님은 원래의 명령을 폐기하지 않으셨습니다. 오히려 하나님 자신이 그리스도 안에서 그 명령을 만족시키셨습니다. 그리스도는 자신의 순종으로 우리를 위해 율법을 지키셨습니다. 그리스도의 구원 사역의 결과는 우리의 일과 행위의 성격에 근본적인 변화를 가져왔습니다. 선행은 문화적이든 아니든, 이제 두려움이 아니라 신자의 감사로부터 수행됩니다.

그러므로 우리의 행위 또는 그 결핍이 그리스도의 재림을 재촉하거나 연기시킨다는 어떤 개념은 견고하게 거부되어야 합니다.[14]

이 점 및 다른 이유들 때문에 문화명령이라는 용어는 피해야 합니다. 벨레마(W. H Velema) 박사는 이렇게 말합니다.

> 용어로서 그것은 그리스도의 사역과의 아무런 관련성을 반영하지 않습니다. 그리고 우리 모두를 출발선으로 되돌려 놓습니다. 우리의 사역은 세계 역사 속에서 그리스도께서 결정적인 전환점을 가져오신 후에 일어나는 것입니다.[15]

사도들이 신자들에게 선행을 하도록 권고할 때 그들은 항상 명령법을 직설법에 결합시킵니다. 다시 말해, 일하라는 명령은 항상 그리스도의 완성된 사역의 기초 위에 내려집니다. 우리의 모든 영적인 활동은 그리스도의 구원 행위에 기초합니다. 신칼빈주의자들은 신자들이 자신들의 사역을 그리스도의 구원 사역의 영역과 정황 속에서 수행한다는 사실에 대한 시야를 상실하는 경향이 있습니다. 선교 사역적인 노력보다 문화적 노력에 강조점을 두면서 말입니다. 이것은 복음의 실제 사역의 진보를 방해하는

---

14 *Ethiek en Pelgrimage*, Ethisch Kommentaar (Amsterdam: Uitgeverij Ton Bolland, 1974), 55.
15 Ibid.

비극적인 오류입니다.[16]

근래에 도우마 그리고 벨레마와 같은 네덜란드 신학자들이 문화명령에 대하여 카이퍼와 그들의 추종자들이 제시한 주해적 근거에 질문을 던졌습니다. 예를 들어, 도우마는 창세기 1장 28절, 2장 15절, 3장 23절 그리고 시편 8편과 같은 구절들이 신칼빈주의자들이 믿는 것처럼 모든 것을 아우르는 그런 명령을 구성하는 것인지 묻습니다.

사실 창세기 1장 28절과 2장 15절은 동산을 가꾸고 보존할 뿐만 아니라 땅을 정복하라는 임무를 할당하지만, 그것을 피조물의 생명을 최고조로 높이라는 명령으로 보아야 할까요?

도우마는 히브리어 동사 "아바드"는 단지 땅을 경작하는 것을 의미한다고 지적합니다. 이 노동은 사람이 먹기 위해 요구되는 것입니다(창 1:29; 2:5; 3:17 이하). 이 구절들은 일과 먹는 것에 관련되는데, 죄가 일을 힘들게 만들었다는 것을 우리에게 말하는 것처럼 보입니다. 도우마는 넓은 의미에서 여기에 문화에 대한 함축이 있을 수 있다는 점을 부인하지 않습니다.

그러나 그는 이 구절들 속에 확증된 것 이상의 것을 읽는 것에 대해 주의를 줍니다. 그의 관점에서, 하나님이 피조물 속에 씨앗 형태로 심어 놓으신 것을 펼쳐 나가는 의미에서 문화는 특정한 명령의 문제라기보다 결과의 문제입니다.

하나님은 번식의 욕구와 함께 자신의 형상 안에서 사람을 창조하셨기 때문에 인류는 땅에서 번성할 것이고, 그 과정에서 문화는 먹고 마시는 것을 넘어 발전하여 사람들은 여전히 많은 선한 것을 누릴 수 있기 때문입니다.[17]

벨레마는 그리스도인이 특정한 문화적 프로그램을 완성하기 위한 의무 아래에 있다는 개념을 거부합니다. 만일 의무가 있다면, 그런 프로그램이

---

16 Ibid.
17 Douma, *Algemene Genade*, 345.

먼저 작성되어야 할 것입니다. 그러나 우리는 신약성경에서 이를 위한 증거를 전혀 발견하지 못하며, "명령"으로 규정하는 것도 마찬가지입니다.[18] 또 그는 문화와 사회 참여에 대한 그러한 선입관이 그리스도인의 삶이 가진 "순례자"적 성격을 잃어버리게 한다고 경고합니다. 우리는 이 땅에서 먼저 그리고 우선적으로 이방인들이며 순례자들입니다. 그리스도의 교회에 있어서 순례자가 되는 것은 필수적입니다.

> 신약의 회중은 '길 가는 중'임을 알고 있습니다. 이 회중은 여기에 집이 있지 않습니다. 이 회중은 옛 환경들로부터 떨어져 나왔고 이제 사람이 아니라 그리스도께서 세우실 나라의 미래적 계시를 바라봅니다.[19]

벨레마는 명령보다는 세상 속에서의 그리스도인의 소명 또는 부르심이라고 말하기를 더 좋아합니다.

그러면 이 소명은 무엇입니까?

악하고 부패한 세상 속에서 소금과 빛으로 사는 것입니다. 소금이 고기 및 다른 음식 속에서 풍미를 더하고 부패를 방지하는 것처럼, 그리스도인들은 복음적 증거와 성별된 생활에 의해 그들을 둘러싼 세상에서의 영향력을 추구해야 합니다. 즉, 세상 속에서 그들의 존재와 활동은 죄의 유해한 결과를 완화하고 상쇄하며, 사회 속에서의 삶을 복음 선포 사역에 무리 없도록 그리고 유익이 되도록 하는 일에 도움을 주어야 합니다.

그리스도인으로서 우리가 하는 모든 것은 선교적 그리고 종말적 초점을 가져야 합니다. 심지어 우리의 문화적 참여도 마땅히 다가올 그리스도의 나라의 관점으로부터 수행되어야 합니다. 이것이 신약의 분명한 가르침입

---

18 *Ethiek en Pelgrimage*, 57.
19 Ibid., 18.

니다. 바울은 빌립보서에서 이렇게 말합니다.

> 모든 일을 원망과 시비가 없이 하라 이는 너희가 흠이 없고 순전하여 어그러지고 거스르는 세대 가운데서 하나님의 흠 없는 자녀로 세상에서 그들 가운데 빛들로 나타내며 생명의 말씀을 밝혀 나의 달음질이 헛되지 아니하고 수고도 헛되지 아니함으로 그리스도의 날에 내가 자랑할 것이 있게 하려 함이라(빌 2:14-16; 참조. 살전 3:13; 5:23; 벧후 3:14).

이런 영향을 가지도록 하는 것이 그리스도인으로 우리의 부르심이지만, 우리는 성공에 대한 비현실적인 소망을 품어서는 안 됩니다. 우리는 분명히 문화적이든 선교적이든 우리의 노력을 통해서 오는 하나님 나라를 기대해서는 안 됩니다. 보이는 결과의 방식 안에서 우리가 최대한 기대할 수 있는 것은 주님이 은혜롭게 우리에게 능력을 주셔서 다가올 나라에 대한 몇 가지 표적을 세우는 것입니다.

그 나라는 기본적으로 종말론적 실제입니다. 즉, 그날의 충만함과 보이는 현시에 관한 한 그것은 여전히 미래적 실제입니다. 이 세대에서 그것은 기본적으로 내적이고 영적이고 비가시적입니다. 예수님은 "하나님의 나라는 너희 안에 있다"라고 말씀하셨습니다. 그리스도는 이제 자신의 백성들의 마음속에서 통치하십니다. 그리고 그분은 그분의 교회의 왕이시며 그렇게 인식됩니다.

진실로 그리스도는 세상의 왕이십니다. 그러나 그분의 재림 때까지 그리스도를 거부하는 세상은 사탄을 자신의 신으로 만들기를 계속합니다. 그리고 이 세대가 지속되는 한, "온 세상은 악한 자(또는 사탄) 안에 처합니다"(요일 5:19).

10. 일반은혜: 위험이 따르는 교리

문제는 그리스도인이 세상 속에서 임무를 가지는가의 여부가 아니라, 이 임무가 무엇으로 구성되며 그 성경적 근거와 이유가 무엇인가입니다.

우리가 본 대로 카이퍼는 일반은혜의 교리에서 근거를 발견했습니다. 이 교리 또는 적어도 그가 그 교리를 서술한 방식은 심각한 문제의 여지가 있습니다. 만일 그가 일반은혜에 의해 교회가 항상 이해했던 것, 즉 모든 사람에 대한 하나님의 은혜로운 성향으로 하나님이 의로운 자들과 불의한 자들에게 해를 비추시고 비를 내리시는 것으로만 의미를 부여했다면 개혁파공동체 내에서 소수만 그 교리에 문제 제기를 했을 것입니다.

달리 말해, 그에게 있어서 일반은혜가 하나님이 자신의 복음이 전 세계에 전파되기를 원하시고 자신의 은혜를 모두에게 제공하신다는 것을 의미했다면 대부분의 사람이 마음으로 동의했을 것입니다.

그러나 카이퍼의 버전은 그 이상의 것을 포함합니다. 그에게 있어서 일반은혜는 우선적으로 우주와 문화의 구속을 향합니다. 그는 예정의 신적 작정 속에 이 교리를 뿌리내림으로써 하나의 체계를 세울 수 있었는데, 이로써 하나님의 창조에 대한 하나님의 계획은 이중 경로를 따라 현실화됩니다. 택자들은 구속의 중보자로서 그리스도에 의해 구원받게 되고(특별은혜), 우주는 문화에 대한 모든 잠재력과 함께 창조의 중보자로서 그리스도에 의해 구속됩니다(일반은혜).

이런 개념은 문화와 세상에 관한 본질적으로 낙관적인 관점으로 인도할 수밖에 없습니다. 카이퍼 자신이 인류와 우주에 대한 죄와 그것의 끔찍한 결과에 대한 시각을 잃어버린 것은 아닙니다. 그는 반명제를 깊이 믿었고, 일반은혜와 특별은혜 사이의 근본적인 차이점을 믿었습니다. 그러나 그의 모든 제자가 동일하다고 말할 수는 없습니다.

만일 어떤 사람들이 일반은혜에 대한 카이퍼의 교리에 문제를 느낀다면 그들은 그 교리 안에서 특별한 또는 구원하는 은혜에 대한 위협을 보았기 때문입니다. 다른 많은 사람은 단지 일반은혜와 함께 너무 행복해 합니다. 왜냐하면, 그 교리는 그들이 생각한 세상으로부터 그리스도인들의 분리에 대한 너무 굳은 관점으로부터 탈출구를 제공했기 때문입니다. 그러므로 일반은혜는 세속화에 문을 열어 주었습니다.

신칼빈주의는 옛 또는 고전적인 칼빈주의와 다른가요?

많은 점에서 그렇습니다. 알더스(W. Aalders)는 이 문제를 철저하게 연구했던 네덜란드의 유명한 학자인데 카이퍼와 그의 모든 신칼빈주의 운동을 '대탈선'(De Grote Ontsporing)이라고 부르기를 주저하지 않습니다. 그의 관점에서 문화와 사회 참여에 대한 한쪽으로 기울어 버린 강조와 함께, 카이퍼는 알더스가 부르는 대로 일반은혜 교리의 외면화에 많은 기여를 했습니다. 특별히 칭의와 중생에서 그러합니다. 그는 신칼빈주의 진영 속에서 칭의가 부인되지는 않는다고 말합니다.

그러나 더 이상 루터, 칼빈 그리고 사람보다는 하나님의 말씀에 의해 사는 모든 사람이 경험한 대로 경험되지 않으며, 기독교철학이 되고 맙니다.

신칼빈주의자들은 살아 있는 말씀이 성령과의 연합 속에서 죄인을 그리스도와 그분의 왕국의 영적인 실제로 인도하는 내적 사건으로서 칭의에 대해 여전히 무언가를 알고 있습니까?

추정적이고 추상적이고 철학적인 사고는 주권적이고 영적이고 내적인 말씀의 사역을 제거하고 그것을 사색적이고 이성적인 개념으로 바꿉니다. 천천히 성숙해 가는 하나의 씨로서 중생에 대한 추상적이고 유기적인 생각은 하나님의 말씀과 성령에 의한 중생과 칭의의 자리를 차지해 버렸습니다.[20]

---

20 *De Grote Ontsporing* (Den Haag: J.N. Voorhoeve, n.d.), 100.

세상 속에서 그리스도의 왕권을 위한 카이퍼의 열정은 영적인 가치들의 세속화의 과정이 가속되는 일에 기여할 수밖에 없었습니다. 세상과의 점증하는 접촉과 세속의 영에 대한 노출을 통해 개혁 신앙은 점점 더 외면화되고 공허하게 되었습니다. 카이퍼와 밀접한 친구들 중 일부는 개혁 진영 속에서 성장하는 조류들에 경고를 받았습니다.

알더스(J. C. Aaders) 자신이 신칼빈주의자로서 1916년 목회자협의회에서 자신의 동료들에게 다음과 같이 경고했습니다.

> 문화의 세상과 점점 접촉하고 있는 우리 개혁파 신자들은 인본주의에 의해 영향을 받는 큰 위험 속에 있습니다. 하나님의 백성들은 신비주의와 재세례주의를 극복해 온 만큼 그들의 지상에서의 소명을 인식해 왔습니다. 그러나 이제 우리는 시대의 영에 의한 오염의 위험을 직면합니다. 우리 개혁파 신자들이 고백하고 실천하는 일반은혜의 교리는 세상에 문을 열고 동시에 세상에 동조하는 위험에 문을 엽니다. 우리는 우리의 영적인 음식 속에서 특정한 불균형을 피하지 못했습니다. 개인의 마음과 영혼의 필요들에 충분한 주의가 주어지지 않습니다. 외적인 순종은 구원에 충분하지 않습니다.[21]

수십여 년 전에 바빙크는 유명한 스코틀랜드 신학자들인 랄프와 에벤에셀 어스킨(Ralph and Ebenezer Erskine)의 네덜란드어판 설교집 서론에 이렇게 글을 썼습니다.

> 여기에서 우리는 우리 가운데 크게 부족한 중요한 요소를 가집니다. 우리는 이 영적인 영혼의 지식을 그리워합니다. 우리는 더 이상 죄와 은혜가,

---

21 *Veruitwendigen onze Kerken?* (Kampen: J. H. Kok, 1916), 19-20.

죄책과 용서가, 중생과 회심이 무엇인지 알지 못하는 것 같습니다. 우리는 이런 것들을 이론적으로는 여전히 알고 있습니다. 그러나 우리는 그것들을 삶의 장엄한 실제 속에서는 더 이상 알지 못합니다.²²

바빙크가 그의 인생 마지막 즈음에 신칼빈주의 운동의 특정한 점에 대해 매우 환멸을 느끼게 된 것은 잘 알려져 있습니다. 왜냐하면, 신칼빈주의 운동의 많은 것이 비의도적으로 세속성, 피상성 그리고 자만심 속에서 비롯된 것처럼 보였기 때문입니다.

신칼빈주의가 궁극적으로 인도했거나 또는 적어도 기여한 것은 현재 일어나고 있는 배교 가운데서 볼 수 있습니다. 카이퍼가 설립에 많은 기여를 한 네덜란드개혁교회(Gereformeerde Kerken in Nederland, GKN)들 속에서, 그리고 보다 덜하지만 그 자매 교회들인 북미의 기독개혁교회(Christian Reformed Church)들 속에서 말입니다.

우리가 같은 실수를 하지 않도록 하나님이 우리를 도우시고 우리를 한때 사도들에 의해 성도들에게 전달되었고 종교개혁자들과 그들의 계승자들인 청교도들에 의해 재발견되고 설명된 믿음 가운데 하나님이 우리를 보호하시기를 기도합니다.

우리에게 필요한 것은 신칼빈주의가 아니라, 옛 또는 고전적인 개혁 신앙으로 이는 영적이며 고백적이고 경험적인 것입니다.

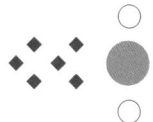

---

22 "Introduction," *Levensgeschiedenis en Werken van Ralph en Ebenezer Erskine* (Doesburg: J.C. Van Schenk-Brill, 1904), 5.

참고 자료[1]

국내 자료

김병훈, 한윤봉. 『성경적 창조론이 답이다』. 수원: 합신대학원출판부, 2019.
네이선 P. 펠드머드, 이재근. 『교회사 용어 사전』. 송동민 역. 서울: IVP, 2022.
박재은. "'창조계로의 참여' 모티브에 근거한 헤르만 바빙크의 전쟁관". 「개혁논총」. 29(2014): 93-125.
스탠리 J. 그렌츠 외 2인. 『신학 용어 사전』. 진규선 역. 서울: IVP, 2022.
스탠리 J. 그렌츠, 제이 T. 스미스. 『윤리학 용어 사전』. 이여진 역. 고양: 도서출판100, 2018.
스티븐 마이어. 『하나님 존재 가설의 귀환』. 소현수 역. 서울: 부흥과개혁사, 2022,
제임스 에글린턴. 『바빙크』. 박재은 역. 군포: 다함, 2023.
조엘 비키, 폴 스몰리. 『개혁파 조직신학 4』. 박문재 역. 서울: 부흥과개혁사, 2022.
켈리 M. 캐픽, 웨슬리 벤더 럭트. 『개혁신학 용어 사전』. 송동민 역. 고양: 도서출판100, 2018.
헤르만 바빙크. 『개혁교의학 2, 4』. 박태현 역. 서울: 부흥과개혁사, 2011.
_____. 『개혁교의학 개요』. 원광연 역. 고양: 크리스챤다이제스트, 2017.
_____. 『개혁파 윤리학 1』. 박문재 역. 서울: 부흥과개혁사, 2021.
_____. 『바빙크 시대의 신학과 교회』. 이스데반 편역. 서울: 기독교문서선교회, 2023.
후스토 루이 곤잘레스. 『신학 용어 사전』. 정원래 외 2인 역. 서울: 그리심, 2014.
C. 스티븐 에반스. 『철학·변증학 용어 사전』. 김지호 역. 고양: 도서출판100, 2018.

해외 자료

Bavinck, Herman. *Schepping of Ontwikkeling*. Kampen: J. H. Kok, 1901.
_____. "The Future of Calvinism". Translated by Geerhardus Vos. *The Presbyterian and Reformed Review*. 5 (1894): 1-24.
Dosker, Henry Elias. "Herman Bavinck". *The Princeton Theological Review*. 20(1922): 455.

웹사이트

http://www.kosinnews.com/news/articleView.html?idxno=7127
https://bredenhof.ca/2022/10/14/icrc-gkv-membership-terminated/
https://bredenhof.ca/2023/05/09/gkv-no-more/
https://www.grin.com/document/157919

---

1 편역 과정에 참고한 자료들이다.

| CLC 개혁주의 시리즈 안내 |

① **개혁주의 신론**
헤르만 바빙크 지음 / 이승구 옮김 / 신국판 / 600면

② **개혁주의 인간론**
안토니 A. 후크마 지음 / 류호준 옮김 / 신국판 / 436면

③ **개혁주의 기독론**
로버트 L. 레이몬드 지음 / 나용화 옮김 / 신국판 / 488면

④ **개혁주의 구원론**
안토니 A. 후크마 지음 / 류호준 옮김 / 신국판 / 456면

⑤ **개혁주의 교회론**
G.C. 베르카우어 지음 / 나용화·이승구 옮김 / 신국판 / 528면

⑥ **개혁주의 종말론**
안토니 A. 후크마 지음 / 류호준 옮김 / 신국판 / 464면

⑦ **개혁주의 변증학**
로버트 L. 레이몬드 지음 / 이승구 옮김 / 신국판 / 224면

⑧ **개혁주의 교육학**
벌코프·반틸 지음 / 이경섭 옮김 / 신국판 / 240면

⑨ **개혁주의 윤리학**
J. 다우마 지음 / 신원하 옮김/ 신국판/ 200면

⑩ **개혁주의 신학**
고든 J. 스파이크만 지음 / 류호준·심재승 옮김 / 신국판 양장 / 672면

⑪ **개혁주의 영성**
하워드 L. 라이스 지음 / 황성철 옮김 / 신국판 / 256면

⑫ **개혁주의 은혜론**
R. C. 스프롤 지음 / 노진준 옮김 / 신국판 / 248면

⑬ **개혁주의 예배신학**
D. G. 하트, 존 R. 뮤터 지음 / 김상구·김영태·김태규 옮김 / 신국판 / 248면

⑭ **개혁주의 세례신학**
존 W. 릭스 지음 / 김상구 옮김 / 신국판 / 312면

⑮ **개혁주의 예배학**
필립 G. 라이큰 외 지음 / 김병하 외 옮김 / 신국판 양장 / 702면

⑯ **개혁주의 성령론**
김재성 지음 / 신국판 / 488면

⑰ **개혁주의 조직신학**
이병철 지음 / 신국판 양장 / 824면

⑱ **칼빈과 개혁신학**
나용화 지음 / 신국판 / 336면

⑲ **개혁주의 신학과 신앙**
이경섭 지음 / 신국판 / 344면

⑳ **개혁주의 교리사**
김학관 지음 / 신국판 / 424면

㉑ **개혁신학과 현대 사회**
신현수 지음 / 신국판 / 264면

㉒ **개혁신학 vs 창조과학**
윤철민 지음 / 신국판 / 320면

㉓ **개혁주의 일반 은총론**
코넬리우스 반틸 지음 / 정성국 옮김 / 신국판 / 232면

㉔ **개혁주의 삼위일체론**
로버트 레담 지음 / 김남국 옮김 / 신국판 / 820면

㉕ **개혁주의 설교학의 쟁점들**
이승진 지음 / 신국판 / 408면

㉖ **개혁주의 언약신학**
문정식 지음 / 신국판 양장 / 324면